素描蒋兆和

中西有别取其精素描
笔墨摘所长一篮春色
卖人官沫民群像難忘怀

辛卯亥日
李岚清

"百年巨匠"素描／李岚清 绘

百年巨匠

Century Masters

蒋兆和

肖 和 ◎ 著

文物出版社

图书在版编目（CIP）数据

蒋兆和 / 肖和著. —— 北京 ：文物出版社，2022.4
（百年巨匠）
ISBN 978-7-5010-7466-2

Ⅰ．①蒋… Ⅱ．①肖… Ⅲ．①蒋兆和（1904－1986）
－传记 Ⅳ．①K825.72

中国版本图书馆CIP数据核字(2022)第047332号

百年巨匠·蒋兆和

著　　　者	肖　和	
总 策 划	刘铁巍　杨京岛	
责任编辑	赵　磊　陈博洋	
封面设计	子　旃	
责任印制	张道奇	
责任校对	陈　婧	

出版发行	文物出版社
社　　址	北京市东城区东直门内北小街2号楼
邮　　编	100007
网　　址	http://www.wenwu.com
制版印刷	天津图文方嘉印刷有限公司
经　　销	新华书店
开　　本	710mm×1000mm　1/16
印　　张	20
版　　次	2022年4月第1版
印　　次	2022年4月第1次印刷
书　　号	ISBN 978-7-5010-7466-2
定　　价	88.00元

宣传巨匠推广大师 为时代树立标杆

蔡武

文化部原部长 《百年巨匠》总顾问

文化精品创作工程包括重大出版工程、影视精品工程。《百年巨匠》就是跨界融合的一个重大文化工程，它深具创意，立意高远，选题准确、全面，极富特色，内容精彩纷呈，内涵博大精深，基本涵盖了我国20世纪这一特定历史时期在文学艺术方面的成就及其代表人物。它讲述的不仅仅是各位巨匠的传奇人生，更是他们的文学艺术成就同民族、国家，同历史、文化，同当代世界，同20世纪风云激荡的年代，以及同人民的命运都是紧密相连的。他们的成就对整个社会产生了重要而深远的影响。因此，立足21世纪的当今，系统全面科学解读巨匠人生与大师艺术，有着特殊而积极的意义，是社会和时代的要求。

作为一个有影响力的文化品牌，《百年巨匠》的表现形式也是多样的。《百年巨匠》丛书和纪录片互动互补，是出版界与影视界的跨界合作与融合发展，形成了叠加影响和联动效应，进一步丰富和扩大了品牌的内涵和外延。在信息社会"四屏"时代，用这样的一种方式来表达重大深刻的主题，具有重大的创新意义，是对中华优秀文化传承发展进行创造性转化、创新性发展的成功探索。体现出强烈的历史感、时代性、民族性，具有鲜明的中国特色，必将产生深远的影响。

一个民族自立于世界民族之林，离不开民族的自信心与自尊心。而民族的自信心和自尊心有其思想基础和人文轨迹，即对民族文化的重要代表人物和优秀传统应当有比较全面的了解并进行广泛传播。一个国家的历史需要记录，文化艺术同样如此。《百年巨匠》丛书秉承文献性、真实性、生动性原则，客观还原大师原貌，以更为宏阔的历史维度对大师们所经历的时代给予不同视角的再现和解读，为读者开启一扇连接20世纪中国近现代文化艺术史的大门。

巨匠们的艺术成就、人生经历、精神高度，彰显了中华民族文化在这个时代所能达到的高度，不仅有文学艺术上和文化史上的价值，而且有人文思想美学上的划时代性贡献。《百年巨匠》可以增强我们的文化自信和实现中华民族伟大复兴的意志。

《百年巨匠》还有一个重要意义，它能够激励我们后来人砥砺奋进，勇攀高峰。这些文化艺术巨匠有着深厚的爱国情怀和强烈的民族责任感，他们将个人荣辱兴衰与国家、民族命运联系起来，用文化艺术去改变现实，实现理想。在新旧道德剧烈冲撞中，他们所表现出来的高风亮节是后来人的楷模。他们所传导出的强大正能量，会激励一代又一代广大读者，对促进我们整个民族新一代的教育与成长，有着非常重要的启迪意义。他们的精神是引领和鼓舞我们再出发的航标与风帆。

《百年巨匠》也给了我们很多的启示，可以帮助我们回答和破解"钱学森之问"。20世纪产生了那么多的大师，新世纪、新时期我们应该如何助推产生出新的大师？这些巨匠的成长轨迹给我们揭示了大师们成长的规律，如要深具家国情怀，要胸怀高远理想；要深深扎根于人民，与人民同呼吸共命运；既继承民族优秀传统文化，又要勇于创新；并以非常包容的心态去拥抱一切文明成果等。

《百年巨匠》仅反映了 20 世纪百年的文化形态和人文生态，我们应该把这个事业延续下去，面向 21 世纪。对艺术大师的发掘是通过他们的作品来体现的，而他们的作品既是中华文化的传承，又进一步丰富、创新了中华文化的构成。从这个意义上讲，宣传这些艺术巨匠就是弘扬中华文化。这些艺术巨匠作为中国名片，拥有较强的国际影响力，这一工程的推进，可以有效推动中华文化和中国出版走出去。不仅仅局限于艺术领域，还可以从广度上、外延上扩大至整个文化领域，甚至把科技、教育等领域的巨匠们也挖掘展示出来。

一个国家文化事业的繁荣与发展，既需要广大艺术家的努力，也需要大师巨匠的引领。宣传巨匠，推广大师，为时代树立标杆，无疑是我们责无旁贷的历史责任。巨匠之所以是巨匠，大师之所以能成为大师，是因为他们以具有强烈时代感和创新精神的作品站在了巅峰。而他们巨作的背后，是令人钦佩的工匠精神，这种工匠精神的发掘和弘扬在当下具有重要的现实意义。同时，这百年的文学艺术史已有的众多成果，从学术上也要系统总结。而长期以来一直困扰我们的一大难题，就是如何把这些重要的学术研究成果进行转化和再创造，使之成为可被大众接受、雅俗共赏的精品佳作。从这个意义上讲，《百年巨匠》丛书的出版也是非常值得赞许的。

当前，我们的文化艺术事业虽然取得了长足的进步，但是相对于时代的重任，人民的厚望，尚有作品趋势跟风、原创性匮乏、模仿严重等问题，希冀大家在《百年巨匠》作品中得到更多的启迪和感悟。

我们国家正处在重要的历史时期，为我们文艺创作提供了丰沃的土壤和广阔的空间。中华民族的伟大复兴，呼唤一切有为的文艺工作者，为繁荣中国特色社会主义文化、建设社会主义文化强国，奉献毕生的才华和创作热情，将高度的社会责任感和历史使命感化作文艺创作的巨大动力，创作出无愧于时代、无愧于祖国和人民的优秀文艺作品，让我们这个时代的文艺创作异彩纷呈，光耀世界。

目　录

引　言　　　　　　　　　　　　　　　　　/ 1

第一章　大江之子　　　　　　　　　　　　/ 1
望子成龙　　　　　　　　　　　　　　/ 2
糊口养家　　　　　　　　　　　　　　/ 7
背井离乡　　　　　　　　　　　　　　/ 12

第二章　大潮风华　　　　　　　　　　　　/ 17
社会课堂　　　　　　　　　　　　　　/ 18
良师益友　　　　　　　　　　　　　　/ 24
三十而立　　　　　　　　　　　　　　/ 33

第三章　奉献苦茶　　　　　　　　　　　　/ 41
大悟回炉　　　　　　　　　　　　　　/ 42
独辟蹊径　　　　　　　　　　　　　　/ 52

第四章　身陷苦难　　　　　　　　　　　　/ 65
一显锋芒　　　　　　　　　　　　　　/ 66

奔赴战场　　　　　　　　　　　/ 75

匹夫有责　　　　　　　　　　　/ 85

涌起汹涛　　　　　　　　　　　/ 102

第五章　**心系流民**　　　　　　　/ 111

难胞镜像　　　　　　　　　　　/ 112

塑造典型　　　　　　　　　　　/ 120

周旋策展　　　　　　　　　　　/ 129

太庙风云　　　　　　　　　　　/ 139

风雨同舟　　　　　　　　　　　/ 149

光明在望　　　　　　　　　　　/ 155

第六章　**天地大亮**　　　　　　　/ 163

战后余音　　　　　　　　　　　/ 164

古城天亮　　　　　　　　　　　/ 173

第七章　**沧桑巨变**　　　　　　　/ 183

笔墨新生　　　　　　　　　　　/ 184

激情岁月　　　　　　　　　　　/ 193

苏联之行　　　　　　　　　　　/ 209

冬去春来　　　　　　　　　　　/ 214

第八章　**桃李满园**　　　　　　　　　　　　/ 225

确立基础　　　　　　　　　　　　/ 226

写生示范　　　　　　　　　　　　/ 233

任重道远　　　　　　　　　　　　/ 238

第九章　**时代肖像**　　　　　　　　　　　　/ 249

为民造像　　　　　　　　　　　　/ 250

回望前贤　　　　　　　　　　　　/ 262

第十章　**匠心传承**　　　　　　　　　　　　/ 273

留取丹心　　　　　　　　　　　　/ 274

严守家风　　　　　　　　　　　　/ 285

坦荡胸心　　　　　　　　　　　　/ 289

后　记　　　　　　　　　　　　/ 302

参考书目　　　　　　　　　　　　/ 303

引　言

蒋兆和先生（1904—1986年）是中央美术学院教授、中国美术家、教育家，曾历任中国民主同盟中央美术学院主任委员，中国画研究院院务委员，民族美术研究所研究员，第二、三、四届全国文代会代表，当选中国文联委员，中国美术家协会理事、顾问，北京市第二届人民代表大会代表，中国人民政治协商会议全国委员会第三、四、五届委员。

蒋先生是20世纪极具变革思想的艺术家之一，被誉为领一代风骚的艺术巨匠。

他生在巴蜀名城泸州。家乡的风土人情赋予他正直、坚毅的性格。他在年少时奔赴上海，与徐悲鸿先生成为良师益友。他在徐先生的引导下借鉴中国传统绘画的水墨技巧与西方造型手段，在写实与写意之间推出了全新的现代水墨人物画技法。

蒋先生坚持"为民写真"，他以特写的形式把中国底层民众的生活和正在发生的重大事件，呈现在中国的画纸上，使中国的水墨人物画能够并立于世界现实主义艺术的行列。他一生中最主要的代表作《流民图》，为中国画艺术在世界反法西斯战争中确立了光荣的地位！

中年时期的蒋兆和怀着极大的热忱，创作出以建设者为主体，以幸福的儿童为主题的画作。他塑造的历史人物，被公认为标准肖像。晚年时又以今人的视角诠释古人，以古人的智慧思考现实。

蒋先生继承徐悲鸿的教学思想，根据自己多年的艺术感受，建立了一整套现代水墨人物画教学的方案，被美术理论家称之为"徐蒋体系"，引领几代学子，培养了一大批杰出画家。

蒋兆和先生是 20 世纪最为杰出的艺术家之一。为中国乃

至世界美术做出了卓越贡献。

通过这本小传，读者将感受到蒋兆和先生曲折的心路历程，走进他的艺术世界。读者若想更加全面、深入地了解蒋先生的艺术人生，请进一步阅读美术理论家、书画家刘曦林先生撰写的《艺海春秋·蒋兆和传》《蒋兆和论》《流民图析》《蒋兆和论艺术》，以及欣平撰写的《流民图的故事》、朱理宣编辑的《流民图见证人采访实录》。还可参阅蒋兆和艺术研究会编辑的《蒋兆和研究·关于蒋兆和的文献选编》、北京画院编辑的《20世纪北京绘画史》等学术著作。

第一章 ｜ 大江之子

四川泸州，人杰地灵，在长江与沱江边上长大的蒋兆和，家乡深厚的文化底蕴，启发着他走上了绘画之路。二十世纪初，国家内外交困，帝国主义列强的经济侵略致使人民灾难深重，也使蒋兆和一家深受其害。这一章节讲述了战乱中的蒋兆和在少年时期学会立志、做人的成长经历。

望子成龙

百年巨匠
Century
Masters
蒋兆和
Jiang
Zhaohe

泸州市龙马潭区蒋兆和故居

冰冷的沱沱河从青海的格拉丹东雪山出发，与通天河一起冲入楚玛尔河。它蜿蜒南下与玉树县的巴塘河同流，长途奔涌到川东，汇集成金沙江向东北滚滚而去，终于成了浩荡长江。长江沿宜宾北上又与沱江相抱，托起了一座小镇 —— 泸州。

别看这小镇深藏腹地，但山峦叠翠，到处可见摩崖石刻，还是一座闻名遐迩的酒城。酒城里不乏贤能才子，他们的故事就像千年古酿沁人肺腑。而就在 20 世纪初，在泸州的龙马潭区，在区内小市街的卿巷子里，就有一家姓蒋的书香门第，忽降"龙子"，三十四年后他立誓要"吞吐大荒"而感动世人，他的奇迹传遍大江南北，名扬海外，成为 20 世纪的画坛巨匠。

清光绪三十年甲辰三月二十四日（1904 年 5 月 9 日），大雨滂沱，雨点似掌声噼噼啪啪地在蒋家的院落中回响。忽然，竹木屋里传出一阵婴儿的啼哭声，一个男孩儿诞生了。按蒋家世代班次歌"世昌宗愈茂，万代祖英隆，治家遵大学，开国尚中庸"的字辈排序，为他取名：万绥。

不料，就在他 3 岁那年，不知得了什么病，抽搐、昏厥，危在旦夕。郎中开出中药也无法灌进肚里，谁都猜不准这儿郎还能挺过几时。

一天，家人把他放在一张木板上抬到院子里，还备了口棺材。他爹坐在一旁叹息，他娘摸着万绥的小手呼唤着，忽然，电闪雷鸣，孩儿惊醒大哭，蒋家人喜极而泣都说这是天赐祥兆！随着万绥的康复，其父蒋茂江也愁颜渐消了。他想起孟子的话，难道孩儿躲过了这一劫是"天将降大任于斯人也"？

清光绪三十三年（1907 年）的一天，蒋茂江与他的三哥蒋茂勋说："这祥兆可谓'万亿'也，若顺和天命，蒋家这唯一的男娃定成大器！"于是，"万绥"破祖排次更名为"兆和"。

20 世纪初的泸州，街巷的石板地上湿漉漉的，总是弥漫在雾气中。码头上到处是白酒的味道，辣椒的味道。船夫、挑夫、石工，在长满青苔的石阶上挑着竹担，搬运着一筐筐盐巴、茶叶、酒坛……号子客与纤夫们

蒋兆和的父亲蒋茂江

蒋兆和的大伯父蒋茂璧

高声地喊："上江口，下江流，嗨唷嗨唷加把油……"兆和看着他们会跟着一起喊，没过几年，他就变成了一个机灵、快乐的顽童。他和小伙伴们在江边踢沙包追逐打闹，跳到江里不知深浅地扎猛子，因为玩到天黑才回家，他不知挨了多少屁板，可就是不长记性，越揍越皮实，居然扑腾在江上，情愿任雨点暴打。

兆和的家虽然守在大江边，其实并非纯正的巴蜀之人。四川自古战乱，"铁打的泸州"惨沦空城。明末清初，兆和祖上便随湖广大移民，从鄂东麻城到泸县魏园村落户。晚清时泸州有三大书家，蒋家也列在其中。虽然不算名门望族，但家族中兄弟八位秀才居多。兆和一说起家里人，总要提起他最敬仰的本家长辈，也就是父亲的大哥，他的大伯父蒋茂璧。蒋茂璧总是长衫马褂加身，一顶俗称"瓜皮"的"六合瓦帽"扣在头上。他在家族中最有出息，考取了进士，先后在京城和广东做官。辛亥革命前夕，他看透朝廷庸腐便脱离仕途回乡，成为泸县有名的缙绅，也成了蒋家的大家长。兆和的父亲蒋茂江，是小市里远近闻名的秀才。这位早早就秃了顶，但一直没有剪断辫子的蒋老夫子中年得子不易。自从兆和患病未死他便望子成龙心切，就怕儿子长大后也像他那样大半辈子只会教家馆儿、为人书门联、写挽联。所以，为了让儿子"成龙"，他煞费苦心。很少发脾气的蒋茂江舍不得严教幸存下来的独根，只好依着脾气暴躁的娘子在天蒙蒙亮时，就把刚满 6 岁的兆和硬从竹板床上拽起，要他跪在爷爷的泥像前背《三字经》。兆和不听话，总会招来母亲的一顿暴打，兆和就忍住刺痛，听着鸡毛掸子嗖嗖的响。打骂难奏效，蒋茂江就按古训"易子而教之"，请来个师傅管教儿子。

民国元年（1912 年）兆和 8 岁时，只要听到雄鸡报晓，他就得光着瘦小的身板儿，跟着父亲请来的师傅到江边湿滑的石板地上去学武。这师傅叫余良弼，才 29 岁拳术就已名扬全镇。他只有一米七的个头，却肌骨见方、动如山彪，乃是川南师范学校的教头，还被朱德请到滇军司令部当了教练，又在刘伯承领导的军政干部学校里当教官。这余教官虽是赳赳武夫，说起话来却文绉绉的。原来，兆和的父亲能够放心地把宝贝儿子托付给他，不完全是因为双方是世交且余教官有一身武艺，更看重的是他的文化修养在泸州也属前茅。他通医道，对文物收藏、书法绘画样样在行。当然，余教官怀瑾握瑜、仁正善良的品格也是出了名的。

在行云流水般的拳法中，余教官教导兆和要爱父母、爱师长、爱乡亲、爱国家。每逢端午，余教官就会带着兆和与乡亲们一起在助威声中看龙舟竞渡，给他讲德垂千秋的屈原。每到大年初一，余教官又带着兆和与乡亲们一道赤膊耍火龙，还让他穿上古代学童的青蓝绸衣，戴上红彤彤的状元帽，涂脂抹粉骑上竹子编的高头大马，让他想象着科举

蒋兆和的拳师余良弼

高中时的荣光。当中秋月圆张灯结彩，灯上的千条谜语又定格在稚子眼中，成了兆和追忆一生的乐趣。

兆和刚满9岁的时候，父亲就要求他天天临摹《芥子园》。这古代绘画教程里的山水花鸟，余教官画起来也是得心应手。他身为兆和的"私人教官"，每每进入到舞文弄墨的状态，便会一板一眼地较起真来。他更像严父看着兆和一张张地画，还要批改、示范。

兆和从11岁起，就很少有玩耍的时候了。他每天要早起习武，而后拾柴，到双井沟巷去挑水。吃一碗麻椒拌饭喝碗茶，就得在祖宗牌位前背诵唐诗、宋词、《训蒙幼学》和《弟子规》。那清脆的童声传到小院里，回响在山风中："朝为田舍郎，暮登天子堂，将相本无种，男儿当自强……"

"立命养家，要强身健体。只要有一技之长，就不怕没饭吃。"这是兆和的父亲蒋茂江总挂在嘴边上的一句话，他还翻出先人字帖，要求兆和每天端坐如钟，悬腕行笔临写小楷三百字。兆和写出顿挫见锋、圆润丰盈的笔笔墨线，也运行在了山水花鸟画中。兆和不满足书上的山水，就跑到大山里去摸岩石、捏泥巴。他常在"真如寺"内被称为"百子图"的诸多石刻前看到入迷。当他看着摩崖上那些佛像坚挺的刀线，便兴奋地撅断竹枝，在泥土上勾勾画画，画累了，就跳到江里"冲个凉"。

久之，父亲的引导和拳师的调教，加之乡里的民俗与古代石刻的熏陶，就像涓涓泉水灌入心田，成了兆和艺术思想的启蒙。

糊口养家

日头天天东起西落，商船天天伴着沉重的号子逆江而上。纤夫赤裸的身影在骄阳下闪着光。兆和不明白这些人为什么从早到晚只能系在长长的麻绳上。他羡慕有钱人怎么就能出山读书呢。太多的疑问伴着兆和一天天长大。家里没有钱，他只能跟着教私塾的父亲去给地主的儿子当陪读。在那里他读《四书》、念《五经》、阅《史记》。《资治通鉴》里的故事讲不出来就要挨手板……在有钱人的家里，他能幸运地看到一些古代名人的字画。兆和很纳闷儿，一卷卷黄褐色的丝绢里都是灰蒙蒙的山水，就像是放大了的《芥子园》。他问爹爹，古董里画的是哪里的山呢？父亲说胸有大千，画的是心里的山。兆和不理解，但又觉得画里的山很奇特，斑斑点点就像远处的松林；一笔青绿，就如漫坡绿竹。父亲摇头晃脑捋着胡须说："沈颢《画麈》曰乎'似而不似，不似而似'。"余教官也在说"神者形之用，形者神之质"。父亲告诉兆和，练好《芥子园》就能画大画，不过，点点染染笔到意到，才是修来之境。

兆和在地主家的时间长了，就与帮工成了兄弟，他还多长了一门技艺，跟帮工学会了吹箫。兆和每晚就到江边去吹，他吹着、听着，在反复思考之中，似乎觉得箫声亮起就如画里的"斧劈皴"激烈遒劲；当音调低垂时，又如画中的浓墨厚重沉雄。当兆和勾勒墨线时，便想起父亲说过："引而伸之，触类而长之。"他忽然感到山水画里大片的空白，可能是明镜般的流水，也可能是无边的浮云，这与似断非断的箫声是一样的空灵。

　　说来也很奇怪，兆和是"龙"种，跳到江里冲浪很自然。祖上也没有画画人的根基，就算有父亲和余教官的教化，兆和对着山山水水描描画画怎么就到了痴迷的程度呢？已是民国了，兆和的父亲还在做科举梦，总想着要儿子能当上状元出人头地。可兆和偏偏喜欢画画，吹起箫来也上了瘾，背诵诗词亦如醉如痴，他对艺术有着与生俱来的敏感，能触类旁通知一万毕。在泸州这物华天宝之地，酒铺、茶馆里诗书满堂且大摆"龙门阵"。在山间、客栈、庙宇，就连米店里，到处可见才子佳人客经此地留下的墨宝。凡是有画有字的地方，有书有曲儿的地方，就连江上的号子，都会引起兆和极大的兴趣！

　　一天，兆和在一家纸扎店里被那里的精巧工艺迷住了。他看老师傅捏泥人，自己也想捏一把，为了捏出个模样，他经常一整天都泡在那里。兆和佩服师傅能在灯笼上不打稿，信手就能描画出个嫦娥和牛郎。这家店铺在兆和出世前就经营着了，扎灯笼、扎纸马、做纸人，街上这样的店不算少，兆和挨家挨户地看，不是货比三家，而是把那里当成了最快活的"游乐场"。

　　后来，兆和在一家茶馆里看到几幅人像画觉得好生新奇，那些人像怎么就跟真人似的，比相

蒋兆和早年画的炭像

片还大呢？兆和的拳师有见识，告诉他这是用炭精粉擦出来的，是洋人的把戏。他还说兆和的八叔蒋文岐好像就会擦炭像，找他去就能学到这手艺。兆和立刻就去了，可这八叔一脸愁容扫兴地说："这行当我没法子干喽，炭精粉和洋纸都是从很远的黄浦江用铁船运来的，一年前闹水灾停了航运就断了货。"八叔倒是拿出几张还没有卖出去的残次品给了兆和。究竟该怎么擦，讲了两句就再也没有说啥。不过，八叔虽然避谈擦画的技术，却让兆和知道了千里之外有个比家门口的"小市"街还要热闹的大上海。

生性聪慧的兆和对炭粉画发生了兴趣，没有办法搞到炭精粉就开动脑筋，他很快就找到了窍门。他点燃大蜡烛对着碗熏烧，把碗中浓黑如墨的烟尘当炭精粉用。可别小看这"奇葩"名堂，也算是发明吧。他找出父亲废弃的旧毛笔剪掉笔尖，用胶粘在一起，就算是擦笔了。兆和直到晚年时还饶有兴趣地提起这段经历呢，凡是听他讲过做炭粉做擦笔故事的人无不惊叹，这得需要多少蜡烛？又得耗费多少时间呢？兆和就是这样不惧艰难地用自己炮制的"炭粉"，不知在窗户纸上试了多少次，失败了多少次。他凭着那股子韧劲，终于擦画出了像样的山水、竹子、花鸟和人像，画熟了还真的有点像上海的洋画喽，这超常的观察力和模仿力让左邻右舍赞不绝口，名声不胫而走。

那时，泸县有个春荣照相馆，馆里的背景布已破损不堪。当摄影师一时难以定夺由谁来修补布景时，兆和闻知当仁不让，他尝试着用胭脂兑胶来修补，博得了掌柜的和摄影师的好评。后来他又凭着画"炭画"的能耐，为照相馆画出了看似竹石云雾、虚幻模糊的布景，在灯光之下颇有仙境之感。就在他13岁那年，靠画画为家挣钱了。

蒋家唯一的"幺儿"凭借所长挣来了钱，蒋家亦盼着他能平步青云，有朝一日去考官光宗耀祖。可谁能料想，教私塾的一家之主与小有名气的兆和为蒋家换得一方安稳，也未能改变蒋家日趋贫困的命运……

自清朝到民国初年，英国殖民主义者为赚钱把鸦片说成是补药坑骗中国人，反斥中国人是"东亚病夫"！俗称大烟的鸦片，就像香烟在民众中大量传播。从兆和记事起，他就看到小市这条街上的许多人家，终日散发出一股股香甜四溢的浓烟。有的大户要不了几年就会因此而卖房子卖地丢了家产。就在兆和的家里，他的三伯、四伯、七叔与他的父亲，几乎所有的长辈，总是歪倒在左厢房和右厢房里，醉生梦死不辨朝夕地吞云吐雾。家里的大人们唯有一位不吸鸦片，便是兆和的母亲。

要说兆和的母亲，她曾是大户人家的丫鬟，连个名字都没有。乡亲们称她"苗氏"，是因为她的老家在"南蛮"苗寨。蒋茂江 35 岁那年赶集时看到市场上有几个女子被卖，就挑了一个漂亮点的买了回来。这女子比兆和的父亲小十多岁，虽然肤色不算白皙且瘦弱矮小，乍一看也算小鸟依人了。可能身世太苦，看她那对乌黑的眼珠，在黑眼圈的"包围"之下总带着一些抑郁的神色。她不会耍什么花腔，有时，憋在肚子里的话也会突然爆发出来。她进了蒋家门很多年后才给老伴儿生出了兆和，本想再有几个男孩，却生出了三个丫头，她就总是自怨道："倒霉呦！"只有看着兆和画画了，脸上才露出点笑容。

这苗氏虽不识字却识大体，好像比读过书的夫君还明白事理。她从不像姨娘们那样躺在床上懒懒地吸大烟。她害怕，总觉得这大烟会毁了她的家！早在 1917 年两次大洪水的洗劫中川民们就已家底荡尽，加之军阀混战还有鸦片的消耗使民生凋敝，兆和的家就更难以维持了。

　　兆和看着娘一次次地跪在地上央求父亲戒掉这毒癖，这个自觉愧对丈夫的女人有好几次火气冲冲地把烟具远远地扔出门外，与"老汉儿"爆吵起来。多少个夜晚，兆和从梦中醒来，总会看到母亲在昏暗的煤油灯下呆滞地看着熟睡的父亲默然垂泪。每每这时，兆和就攥着母亲的手说："娘，您干啥子嘛？不要难过哈，娃儿已经给您挣钱喽！"兆和擦去娘脸上的泪，可这泪水还是不住地流。

　　兆和的母亲流出来的泪都是苦的，眼看就要过冬了，家里还没有多余的钱去弹棉花做棉被。地主的儿子过了年要去省里读初中，兆和的父亲被辞退了。乡里几个富家孩子本来也是蒋茂江的学生，听说县里办起了西式中学，劝留不住，都转学了。私塾难抵洋学堂的大趋势逼得茂江一急之下心悸、憋闷，胃里还阵阵绞痛。兆和的拳师把脉说："茂江手脚冰凉，心脉弱。"他劝兆和的父亲不要着急，留得青山在，不怕没柴烧。拳师开出三七、麝香之类的中药，在很长的时间里，他服侍着已卧于床上的一家之主。

背井离乡

院子里的芭蕉摇曳在江风中。兆和的二妹万琦 7 岁时，和 10 岁的姐姐万琛常在那棵树下依在母亲膝旁，看她缝补衣裳、衲鞋底子，帮人家做熏肠。那时，有个邻居家的老婆婆没事就来与兆和的母亲聊家常。深秋的一天，湿冷的风阵阵袭来，兆和的母亲在芭蕉树下抱着兆和最小的三妹妹喂奶。可是，母亲自己都食不果腹，何来奶水呢？得不到满足的小丫头细弱的哭叫声戚戚然然，这"苗氏"破天荒地与那老婆婆唠叨起来："我该怎么办？几个娃天天要吃喝，老汉儿没事做只顾抽烟，大娃子画画也挣不得几个钱，养活不了家嘛，这日子怎么过嘛？！"兆和正在专心致志地在屋里练习擦像，兆和的父亲躺在竹床上舒服地吸着烟，他们没有看到也没有想到，这撑家女人的几句唠叨竟是她最后的话。

一天夜里，从不吸大烟的她，望着熟睡的丈夫和儿子，吞下了大量鸦片，静静地走了。

娘死了！兆和痛哭欲绝："娘！您为啥子不要我们啦？我能为您挣钱！"兆和的嗓子哭哑了，他冲出家门，一头扑进翻卷着波涛的大江，他神情恍惚地听到悠长的号声，他望着纤夫的脊梁向着苍天喊道："将相本无种，男儿当自强！"

兆和在冰冷刺骨的江水中一个激灵清醒了过来，他上了岸，紧紧搂住蹲在江边正在抽泣的妹妹。在生死面前，这个懵懂的少年长大了，他久久地望着那山外的天。

蒋家没了当家的女人也就没了魂。兆和的父亲坐在书房里，呆呆地攥着烟枪却不往嘴里吸，不知又上了烟瘾还是内疚。几天里他的胡子斑白了，总喜欢在厅堂里谈天说地的他独自喝着闷茶。蒋家的男人、女人们也不敢再当着茂江的面抽大烟了。

蒋家就这样平静了吗？历史并不会因为蒋家这小小一隅之难而改变进程。北方袁世凯称帝，南北军阀决战，泸州这兵家必争之地狼烟再起。川军反水又大战滇黔军，乡亲们纷纷议论："听到山那边的枪枪炮炮了吗？""城里到处是伤兵看到没有？""真是脑火地很！又要抓壮丁！"其时，兆和的堂伯父蒋茂璧看到内战心急如焚，他在诗中云："海山不断十年锋，骇浪如潮苦雾重。陶侃军中官柳长，赵佗台畔血苔封。何日销兵盟约定，买牛卖剑看耕农。书传驿骑飞尘起，图绘流民点笔供。"

兆和在当时没有看懂这首诗，当兆和看到四处躲避的百姓就像大伯父诗句里的"流民"时，他想起了家背后的五峰山、对面的钟山也曾被大军争来夺去。那时总有密集的枪炮声掠过头顶，母亲就拖着他和妹妹钻进铺了棉被的饭桌下躲藏。当兵、打仗、逃难对泸州人来说是常有的事，蒋家在这兵荒马乱之时，当然不能独善其身，家人无不为兆和这唯一的男丁揪起心来。

是揪心呵！那个春荣照相馆也日渐萧条，没了来画像、照相的生意。还未断奶的小妹只能靠米粉糊糊维持生命。仗要打到什么时候？钱到哪里去挣？兆和焦急地问爹爹，问叔叔，问乡亲，谁也说不出办法来。每晚，他独坐在江堤上，箫声低吟，一曲《苏武牧羊》诉说着内心的焦灼。

兆和茫然地望着昏黄的月影，在东去的江水中跳跃着，他忽然想起八叔说过的大上海，也许那里没有打仗？也许那里可以求学？也许那里能为家里挣些钱来？

民国九年（1920年）初秋的一天，蒋茂璧一边帮兆和的父亲熬中药一边说出了他心中的忧虑："仗还在打，我看兆和在这里不安全。我的女儿在上海嘛，我看去找她是条活路。"蒋茂江知道儿子也有去上海的念头，便连连点头一听即从。

那个时候，从泸州走水路到上海，经重庆要停靠几日，途经宜昌还需换乘大江轮。几经周转需要八十元现大洋。兆和积攒了为人画像挣来的三十元钱，又借了五十元，勉强凑够了去上海的路费。

初冬的一天，16岁的兆和在祖宗牌位前磕头，他自诩"大江之子"，发誓要对得起列祖列宗。他带着妹妹到母亲的坟前久跪不起，他忍不住地哭了，抽泣着抚紧母亲的坟头，就像捏住母亲的手轻声地说："娘，我不能年年给您上香了，您放心，我会挣钱给妹妹！"

自从兆和买了船票，蒋茂江躺在床上就天天数着月份牌，兆和离开的日子越近，倒计时的滋味就愈使他焦躁，没事也要呼唤儿子，很怕儿娃子见一面就少一面。他才56岁就已经夜不成眠还絮絮叨叨，往日的情景一幕幕掠过，他逢人就说："娃儿聪明过人，我画不来人头像，没人教嚷，他就学会喽。我教他画山水哈，到现在画了九年喽！"这话说得没错，兆和9岁时，《芥子园》就能默写出来，10岁那年就帮着父亲研墨、铺纸，帮着人家换桃符挂春灯，14岁时就为人写书信、楹联了。兆和的父亲想着想着想到往日吵嘴的人没了，能帮他的人也要离开，到头来空梦一场孤独一人，他泪湿衣襟，心痛又频繁地发作起来。

就在兆和动身的前一天，蒋茂江特意为儿子准备了送行酒。

爷俩只是闷喝流泪，父亲要嘱咐儿子的话没说几句，小盅里的酒也没喝多少就有些醉意了。他笑着问兆和还记得小时候骑在爹的肩上看戏棚里变脸的人吐火球吗？兆和最喜欢川剧里的大花脸和翻跟斗的人了，那变脸的本事兆和还想去学呢。蒋茂江可看不起这行当，提起这段往事兆和笑说起来："要是准许我变脸耍武生哈，我哪都不去喽！"兆和的父亲似乎没有听见儿子调侃的话，只见他直瞪瞪地看着窗台上那陈放已久的烟盘和烟枪。

兆和搀着老父躺下了，守在他身旁直到东方破晓，在父亲的催促下才一拜告辞。

兆和提着余教官送给他的棕色皮箱走出门外，他弯下腰摸着最熟悉的竹子；看着家门前那条从五峰山流下来的泉水；他坐在石板桥墩上看着小市这条狭窄悠长的卿巷子；看着那些卖鱼的、卖熏肉的、卖鲜笋的，人来人往熙熙攘攘，这司空见惯的一切，每一寸烟火气都难舍难分，他下了好大的决心才站起身来，可是，朝江边还没走几步还是没能忍住，他站定回望，一眼就看到了蒋宅门额上的石刻大字，这是兆和记忆最深，也是刺痛最深的四个大字"百年救家"。这是在母亲死后，兆和帮着抻纸，父亲写下的救赎之书，又刻成石匾以为家训。

兆和的父亲硬撑起身子下了床，他捂着胸口气喘吁吁地迈出门槛，家人搀扶着他往码头走，邻居赶忙叫来抬滑竿的应了急。兆和急了，他大喊道："你干啥子嘛？！叫你别来嘛！我还会回来嘛！"余教官搀着茂江，握紧兆和的肩头说："幺儿，别忘了爹爹的话，练武为强身，你现在会耍大洪拳喽，可千万不要惹事哈！"兆和点着头，他大声地向余教官，向着父亲郑重地说："我记住了，我也不会忘记家门上的字！"

在今天的沱江二桥那个地方，兆和泪涌而跪，向父老乡亲们磕头。

兆和站在小火轮上，望着一座座远去的山，眼前浮现的还是那四个大字 —— "百年救家"！

俗话说人挪活树挪死，可兆和一家人整天烧香求老祖宗保佑，谁都拿不准，蒋家唯一的男娃这一走，能干出个啥名堂？

第二章 — 大潮风华

蒋兆和只身闯荡大上海，遇上贵人相助才得以打工养家。他自学平面设计和绘画，走上了传奇般的谋生之路。他幸运地遇到伯乐，得到良师益友徐悲鸿的接济与培养。可是，在充满荆棘的路途中他竟然险些落难。当他能够以「江南雕塑家」的美誉加入中国美术会成为骨干之时却又离开了南京。本章叙述了蒋兆和在初步跨入美术专业领域时跌宕起伏，又在而立之年独闯北平的经历。从此，「为民写真」成了他的艺术追求。

社会课堂

与兆和同去上海的还有两个富家的少爷，一起跟着堂伯父蒋茂璧到了重庆，暂住在堂伯父的儿子蒋伯庄家。堂伯父年纪大了，也只能送兆和到重庆。他给兆和一些应急的钱，又给在上海生活的女儿写了一封信，托她照看好兆和一行。还反复叮咛兆和，一定要按照信封上的地址去找。

兆和与两个小伙伴再次登船，继续踏上了去上海的路途。那时，长江水路有旋涡也有暗礁，要说铤而走险也毫不夸张！第一次出远门的兆和不知道船老大手握船舵时有多紧张。漂泊数日，只见白蒙蒙的云雾环绕在山间，当三峡俊俏的峰影迎面而来，兆和跑到甲板上，完全被眼前的美景吸引了！

"两岸猿声啼不住，轻舟已过万重山"，江船飞流直下破浪东去，眼前豁然开朗。大平原上的稻田、油菜地一望无边，兆和兴奋地看，一直看到了黄浦江。

江上有很多木船、铁船与洋人的舰艇，轰鸣着汽笛声川流不息。码头上车水马龙热闹喧哗，江岸边是一排排高楼大厦，南京路上商店林立，灯火辉煌。兆和平生第一次看到了东亚最大的城市。他与两个伙伴走街串巷，真是峰回路转，觉得福运马上就要降临了。他兴奋地东张西望，不知在何时丢了大伯父捎给女儿的信，他们没多想就住进了最便宜的客栈。可是，好几天过去了，手里的钱快花光了，也没有找到什么差事。求职的、扛大包的、做小买卖的、拉洋车的，到处是像他们一样来谋生的外地客。洋学堂倒是不少，一打听，就连同来的两个富家子弟也上不起呦！那两个同乡实在是熬腻了流浪的日子，便打道回府了。兆和不甘心，他想再熬几天看看，就沿着店铺询问有没有活干，或在街边摆摊为人画像。晚上就倚在公园的石凳上。兆和在后来的回忆中说："走在街上就有瘪三要抢我的箱子，我几拳就把他们打跑了。那时，上海滩上的流氓成成帮成伙，细思也后怕。"流浪中的兆和实在饿得扛不住了，就向好心人讨点饭吃 …… 他望着黑乎乎的江水，看着自己瘦小的倒影，他想家了，想起爹娘，想起妹妹，想起家乡那高耸入云的山梁，泪水夺眶而出，他扪心自问："天地之大，似不容我？！"就在这万般无奈的时候，他在街上遇到了一个人。

　　兆和遇到谁了？真是无巧不成书，这么大的上海滩人海茫茫，他遇到的正是自己的亲戚！一天，兆和见到一位女士很眼熟，就冒失地上前询问她是不是堂大伯蒋茂璧的女儿？只见她点着头，惊讶地上下左右打量眼前这个黑黝黝的、矮小精瘦的大男孩。兆和认定了这就是堂姐蒋右频，激动地泣不成声，他连连诉说自己马虎丢了堂大伯捎来的信，堂姐赶忙领着兆和去了她家里暂时安顿下来。堂姐夫是个官二代，认识不少商贾士绅，他看在太太的面子上找了一些公司的老板，介绍兆和为他们擦炭像。两个月后，堂大伯蒋茂璧才在女儿的通信中知道了兆和的境遇。

　　一年的光景很快，民国十年（1921 年）4 月，17 岁的兆和也近成年了，堂姐夫又托先施百货公司的朋友帮他去谋职。兆和乍到中外合资的公司里不知深浅，他毛遂自荐说自己能为人画洋画。公司经理看兆和的样子好生疑惑，他坐在沙发上对这个从西边来的小子不屑一顾。不夸张地说，兆和头一回见到头发油光，西服

百年巨匠

蒋兆和

Century
Masters
Jiang
Zhaohe

革履，派头十足的人斜着眼瞧他。兆和这才有些紧张了，他使出浑身解数为这神气的老板画了像。老板看罢惊讶地连声说："蛮好蛮好！Very good！Good！！"兆和没听懂老板说的话，却以画像之功，被安排在先施百货公司的照相部工作了。

20 世纪 20 年代的上海，是中国商业最发达之地。是企业家和资本市场支配一切的地方。那时，为市场繁荣推波助澜的商业包装及广告等实用美术与前卫的绘画聚合在一起，成为现代视觉艺术的先锋。兆和被日新月异的广告画、橱窗装置、服装模特走秀等等新奇玩意儿弄得眼花缭乱，曾被他欣赏的炭画像立刻就被抛到了脑后。他对画山水的热爱，也在商业与设计竞争的角逐中变成了业余消遣。

话说到这儿，就不能不说兆和任职的那个先施百货公司了，那里可不是泸县的春荣照相馆，而是洋人租界里的大公司。在十里洋场，来自川贵小镇里的乡下佬搞不好会给公司失面子，这是要丢饭碗的。

兆和在后来的回忆中说自己在那个时候第一件要做的事，就是为节省路费，搬到职工的宿舍里。第二件事就是用挣来的钱买一套廉价的西装，他就可以和其他员工一样了。还从箱底里拿出舍不得穿的一双黑皮鞋，这是兆和 15 岁时参加四川省青少年书画比赛获奖后，经人介绍为当时的军阀刘森画像的回报。兆和蹬上这不太合脚的皮履，使他低于一般上海男人的个头升到了一米六四。第三件事就是天天都要琢磨上海话，兆和更像是出了国要过语言关！他要克制口头上说惯了的什么"噻、嘛、哈"之类的四川方言，还要留个心眼，晚上在本本上记下好多条英文。日复一日，年复一年，兆和张口就是"洋泾浜"，陌生人听兆和说出的话还真被唬住了，以为他就是一个"从海外归来"的上海人。难怪那些熟悉兆和底细的朋友们夸他是语言天才，兆和直到晚年，还会熟练地说四川话、上海话和英文呢。兆和曾回忆，在上海打工的那些日子里，也有自感得意的时候。他看到那些鲜艳夺目的霓虹，就模仿美化了的洋文，把中国汉字也花巧一番写成美术体，他说：

这一创意还是当时中国商业广告招牌的新潮呢。

六年里，他先后在先施、新新、绮华百货公司里做广告牌，写美术字、设计橱窗、画身穿时髦旗袍美女的广告月份牌，还搞服装设计、做装帧和插图，收入高时一个月有 50 银圆，他还了借来的路费，还把大部分薪水寄回了家。三个妹妹就是用他挣来的钱上了洋学堂。剩下来的钱他也没有乱花，1925 年至 1927 年，兆和还不满 23 岁，就尝试着自费创办了一本时尚杂志《美的装束》，虽然赔得一塌糊涂，但颇有成就感。

海漂的日子让兆和见了世面。从小就爱钻研的他，没有被挣钱吃饭的打工生活消磨。只要有时间，他就到书店里去看书。书店里有许多来自欧美和日本的画册，画册里用炭铅笔画出的被洋人称为"素描"的画，兆和看后大为震惊，他觉得这素描

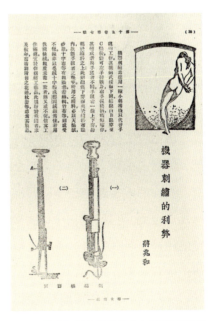

蒋兆和创办的时尚杂志《美的装束》

比炭粉擦像更好看，炭画抹得匀匀的，虽然像照片，却看不到优美的线条。既然素描更过瘾，兆和就买下几本画册反复临摹。他发现达·芬奇、米开朗琪罗、门采尔、拉斐尔、伦勃朗也是用线勾画，这与用线条去勾描轮廓的中国画有些相似，不同的是，素描画出的线条不是套路，在光的作用下有了"黑白灰"的调子，画出了体积中的每一层面。兆和从中大获启发，习惯性地用中国画细描的笔法去勾勒轮廓，再画出不同光线下的筋骨和肌肉。兆和每次到书店，为找出差距，总要从挎包里拿出他的素描"作业"与新上架的画册做比较。于是，这铁杵磨针似的坚持被引起了关注。1927年的一天，兆和像往常一样到商务印书馆里去浏览，在那儿，他又遇上了一个人。

兆和遇到了谁？无巧不成书了，他遇到的正是黄警顽！黄警顽何许人也？这黄氏可是个不简单的人物。他从年少时就在商务印书馆里当营业员，是个能说会道的活柜堂，是一本活脱的名人大词典，更是商务印书馆的活广告，他推销书实实在在，人称"交际博士"。这位"黄博士"注意到书架前年轻的兆和，怎么与十几年前的青年画家徐悲鸿颇为相像呢？

1915年，徐悲鸿从宜兴到上海时生活困窘，酷爱读书却买不起，常到书馆来"站读"。久之，徐悲鸿就与黄警顽有了兄弟之交。当徐悲鸿失业绝望要跳黄浦江自尽时，还是"黄博士"把他从江边拉到了自己的宿舍，仗义地让居无定所的悲鸿暂时有了固定的住处。而眼前的这位蒋兆和，也是在柜台前"站读"，也对画册产生着兴趣……

一天，黄先生热情地帮兆和找书，随即就与他聊上了。聊多了才知晓兆和是从外地来沪只身打工的美术爱好者，设计广告挣钱

百年巨匠
Century
Masters
蒋兆和
Jiang
Zhaohe

商务印书馆黄警顽

养家却无钱上学，苦于没有老师指点，就把书店当成了学校，这般身世使黄先生甚为同情。当他看到兆和从挎包里拿出从画册上临摹的几张人像时，他惊奇地感慨："哦呦！蒋先生了不起！阿拉书馆能帮忙就好！"在交谈中，兆和得知"黄博士"与他敬仰的刚从法国留学归来不久的徐悲鸿交好，便随口说出想见到徐先生的愿望。"黄博士"是性情中人，他拉起兆和的手就往门外走，只听他爽快地对兆和说："小弟弟，跟吾一道去找黄震之！伊是个丝业行家，大好宁！去伊家里厢，一定能帮上侬的忙，晓得哇？"

这一去，兆和会如何？黄警顽说一定能帮忙的大好人黄震之又是谁呢？

良师益友

百年巨匠
Century
Masters
蒋兆和
Jiang
Zhaohe

话说黄警顽卖个关子带着兆和不知穿过了多少"里弄"，才说出画家徐悲鸿正客宿黄震之家，兆和一听几乎惊呆了！心怀忐忑地到了黄先生的家。只见一座两层小楼和两套平房的西式院落。从小楼正厅出来迎客的是位年近花甲的老人，他身着灰色长袍，瘦高而精干。"震之君！侬好侬好！吾冒昧地带来一位小兄弟，登门求教！"震之先生优雅地笑道："不必客气！"兆和羞涩地急忙躬身行了个大礼。震之老人问兆和在哪里读书？有何志向？兆和一时难言，"黄博士"便滔滔不绝地将兆和的身世娓娓道来。看着眼前这位不善言辞的年轻人，震之起身走到院子里，朝着西侧的套房呼唤悲鸿，徐悲鸿便随震之老人走进了客厅。兆和注意到，迎面走来的英俊青年，他眉清目秀一头中分长发，整齐的鬓角在白里透红的脸颊上显出一派法国绅士的风度。他整了整系在脖领间的黑色领结，恭敬地站在一旁。兆和一眼就看到悲鸿的那双单眼皮下的目光，犀利而稳重。悲鸿在不时地扫望桌上的画夹子，他刚听完两位黄先生的介绍就与兆和握手："蒋先生，幸会！"兆和点着头，说自己是美术爱好者，并从画夹子里拿出习作，不好意思地说："徐先生，这都是我临摹的，我是自学，请赐教！"比兆和年长九岁的悲鸿，走到桌前翻阅起来，只见他充满善意地微笑着。兆和呢，不知怎样表达了，只见那双深陷在眉弓下的眼睛闪着光。

住在霞飞路"亭子间"里的兆和彻夜难眠了。

七年了，这一切来得太迟，又来得如此突然，两位伯乐黄先生引出画家徐悲鸿，对兆和而言，虽说相见恨晚，但确是时来运转！

这位徐先生可不是老古董，他留法回国后一心想要改造中国的绘画。他为办美术专科学校到处奔走。他爱才如命，还要帮助与他一样的有志青年出

蒋兆和为徐悲鸿画的素描像

洋深造。那时，西方的各种艺术观念与保守的思想各持己见。什么抽象主义、构成主义、写实主义与国粹主义等等异常活跃！康有为、梁启超、章太炎、蔡元培、陈独秀、胡适、李叔同、陈师曾，许许多多文化干将都在声张自己的观点。要说徐悲鸿，他不夷不惠，主张既要以中国画的笔墨精简地写出心中意境，又要像西画那样描写出真人形态与生活的真实。他认为，写实的画法是表现现实的先决条件，写实才能反映当下中国大众的现状与真情。徐先生的这些想法，是兆和从未听说过的高深理论。他们聊得越投机，兆和就越感到悲鸿的见地不凡，徐蒋两人就像殊途同归的大雁相遇了。

兆和的故事说到这里，说得越来越专业了，24 岁的兆和自从

百年巨匠
Century
Masters
蒋兆和
Jiang,
Zhaohe

蒋兆和画的装饰画《夜之幽曲》

在黄震之家与悲鸿邂逅，他就从爱好画画过渡到了专业画画。自从与徐先生见面那天起，兆和就常把自己设计的广告、图案和油画习作呈请徐先生指点。徐先生总是仔细地看，指出不足又大加鼓励。悲鸿在兆和面前毫无画家的做派，他喜欢与兆和聊家常，说自己也是随父读书习画，13岁就浪迹江湖，20岁独闯上海求学谋生，要不是黄警顽先生的开导，哪有后来呢？他为自己取名"黄扶"，感激两位"黄先生"对他的救助之恩。兆和愈发地感到，悲鸿不仅

蒋兆和画的装饰画《蛇美人》

是他的美术良师，更像是益友，是兄长。徐夫人蒋碧薇视兆和为"小弟"，悲鸿呢，当然就是第一个赏析兆和作品的人。

一天，兆和又挎着一卷在半年里完成的人物素描去了悲鸿的家。这次，他带来的习作有了变化，是用素描的方式对着真人写生了。悲鸿发现兆和没有刻意地去模仿面面俱到的西画素描。他画出来的炭笔人像有独到之处，能把中国画专勾轮廓的"白描"与涂画大面积光影的"素描"结合起来，相得益彰，这种含有东方绘画意味的画法有点像法国素描，在模糊的暗处似乎还有点"擦画"的痕迹，在五官的精微之处也有了点悲鸿素描的影子。兆和一辈子都未能忘记，当悲鸿看过这些习作后说：

时代在变化，艺术也应该随着时代发展……像你这样从真人写生出发的，在中国还少见。

悲鸿多次与兆和表述"写实绘画"与"现实主义"的关系，强调画家要到民众中去"为人生而艺术"。悲鸿的话使兆和更加关注大众生活了，他仅凭良知便敏感地发现，在这个比泸州繁华太多的大上海，在"灯火阑珊处"总会看到令他心寒的景象。这景象恰如一个怎么也跳不出来的穷人的圈！在兆和的记忆中，有件往事久久地盘桓在他的心头。

那是在1925年初夏的时候，青年工人顾正红带领工友们与不给工钱的厂家讲理，被日本工头打死了，引起各界强烈愤慨，爆发了全上海的大示威。5月30日，兆和加入到民众示威的队伍中。民众们高呼："我们要做人！""我们要与东洋鬼子斗争到底！"兆和听到有人在喊："巡捕来了！我们挽起手来！"带着红头巾的巡捕骑着高头大马，用大棒乱打手无寸铁的人们，开枪射倒了行进在最前面的工人群众。第二天，游行在南京路上的工人们顶着狂风在怒吼中前进。就在这群情激愤的日子里，兆和与中国共产党领导下的少年宣讲团一起活动了。1926 年 12 月 13 日的上海《申报》发出消息："新少年报出版。中华路少年宣讲团所发行新少年报，封面为画家蒋兆和所作。"

那时，兆和在打工之余，就去黄浦江边，他看到搬运工人与家乡的纤夫一样的在烈日下奔命。在街头巷尾，当他看到躺卧路旁的女人和孩子，就会想起可怜的母亲曾被鸦片逼上了绝路，想起倒在"五卅"血泊里的那些工人们，殖民化的一切令兆和痛彻心扉，他开始思索了：

> 恕吾不敏，无超人逸兴之思想，无幽闲风雅之情趣，往往于斯之际，倍觉凄凉 …… 我不知道艺术之为事，是否可以当一杯人生的美酒？或是一碗苦茶？如果其然，我当竭诚来烹一碗苦茶，敬献于大众之前，共茗此盏，并劝与君更进一杯人生的美酒 ……

1928 年，对兆和而言是深入民众，苦苦思索的一年。在恩师悲鸿的指引下，他从追求唯美的图案画，从专注商业设计的路上开始转身，朝着反映现实的方向过渡了。他把自己的画当作苦茶与美酒，自觉地向着关注民众的喜怒哀乐，向着关切现实的艺术之路迈进了。

于是，他模仿家乡明代石刻上刚劲的线条，画出了赞美家乡最底层纤夫的图案画《苦役》，只当是一碗苦涩的茶。又画了一幅图案画《慰》，画中的天使飞到戴有脚镣的少女胸前，表现出女人挣脱桎梏要追求自主的恋爱，这是兆和为争取自由女性精心酿造的美酒。

6 月的一天，兆和走进繁华租界背后的棚户区，看到一家人栖

百年巨匠
Century
Masters
蒋兆和
Jiang
Zhaohe

蒋兆和的油画处女作《江边 —— 黄包车夫的家庭》

息在窝棚里。棚里最好的家当竟是洋人废弃的汽油桶和货物箱。主人是不满 30 岁的洋车夫，他把洋油桶当作铁炉用来烧饭。木箱上坐着一个愁苦憔悴、敞着怀正在给幼儿喂奶的女人，身旁还有三个幼童嗷嗷待哺，兆和看着她，似乎又看到了自己的母亲。从棚里的空隙中射进了飞舞着尘埃的光，照在洋人吃剩下的罐头盒上，从蓝色的光中隐约可见的是江畔上的银行大厦。

兆和在附近悄悄地支起了画架，色刀在画布上划动，就像一道道伤口暴晒在烈日中。回到住处，他把油画写生的稿子放大了，画了半个多月，终于画出一幅四尺宽、二尺半高的油画处女作《江边 —— 黄包车夫的家庭》。兆和特意把这幅布面油画带给悲鸿观看，当悲鸿看到画中的一切，他沉默了，沉在无尽的忧伤之中……

悲鸿的感受像蒸汽机一样推动着兆和在个人奋斗的路上加速

转轨了，促使他坚定地朝着"批判现实主义"的艺途走去。新文化运动的后劲孵化出新美术的生命，在田汉、徐悲鸿领导的"南国社"里，兆和结识了不少文艺青年，听他们激昂博论，不但印证了悲鸿思想的社会意义，也使兆和在时代的潮头中得到了艺术上的第二次启蒙。

民国十八年（1929年），精力旺盛的25岁的兆和从中国绘画的围栏里腾跃而出，他拿出悲天悯人的油画《江边 —— 黄包车夫的家庭》和图案画《慰》等五件作品，参加了在上海举办的第一届全国美术展览会。这届全国美展是中国美术由古代形态向现代形态转型的一次大展示。展会上的作品流派纷呈，仅有少数留过洋的名家作品被报刊发表，像兆和这样初入画坛的"龙犊"，有两件作品入选并发表在展会的特辑号上，实为罕见。《上海漫画》还发表了兆和的裸体图案画《夜之幽曲》，《文艺》月刊上发表了他的装饰画《蛇美人》，《良友》发表了《苦

蒋兆和早年画的图案画《慰》

百年巨匠
Century
Masters
蒋兆和
Jiang
Zhaohe

蒋兆和与"南国社"的同志们合影,左起:谢寿康、俞珊、田汉、吴作人、蒋兆和、吕霞光、徐悲鸿、刘艺斯

役》和徐悲鸿题了词的素描《杨宇震像》。尽管兆和没有留过洋、也无国内专科大学的学历,但他的作品引起媒体与美术同行们一波又一波的关注,掀起了一阵"蒋兆和热"。悲鸿那时已在南京中央大学任教,他就趁热打铁推荐了蒋兆和,南京中央大学美术系主任李毅士也看中了蒋兆和,于是,兆和被破天荒地聘为南京中央大学艺术系的图案助教。

从结识徐悲鸿到聘为助教,对兆和来说,这可是一生二,二生三,三生了天大的良机!

三十而立

机运眷顾有心之人，蒋家的男儿干出了名堂！当时在南京中央大学艺术系任教授的徐悲鸿在学校里有两间房舍，一间是画室，一间是藏画库兼书房。兆和刚一到南京，悲鸿就让他入门住进了自己的"要地"—— 画库，一住就是一年！

有谁能像兆和这样可以每天与徐先生一起讨论艺术？能天天从悲鸿的宝库里汲取营养呢？悲鸿创作《田横五百士》，兆和在一旁观摩，并为画中的人物当模特，他们还相互画像一起共勉。这得天独厚的"进修"环境让兆和享受着比"博士生"还要优越的条件，他曾回忆：

> 我常常于夜阑人静之时，细细地品味……尤其是伦勃朗、珂勒惠支、戈雅、库尔贝、德拉克洛瓦的作品，更成为自修的无言之师，他们表现平民百姓的作品，尤能激起共鸣。

也许是受到悲鸿艺术的影响，在表现生活的同时，兆和也学着悲鸿借古人的传说比喻现实的思路，尝试了一番象征主义的绘画。他选择隋炀帝出游时的场景，画了一幅高约六十厘米、宽约五百厘米的油画《陆地行舟》。兆和在画面的最近处画了一排身姿优柔、美若天神的裸女。她们的身体似乎稍有变形极力前倾着，紧绷着的肌肉又像一群奴隶，这是一队正在推舟的女子"纤夫"。华丽的彩舟在昭扬皇恩，裸女们只能在权贵的淫威下挣扎。兆和不是史学家，他没有考虑隋炀帝的功过，只借穷奢极欲的暴君与卑贱的平民形成强烈的对比。裸女们行进着，每一步都是一段沉重的历史。这幅极具装饰风格的作品是兆和创作出的第二幅油画，在悲鸿的画室里画了一个多月才算完成。

爱画画的川南小子求学变教学，还被称作"画家"和"先生"了，兆和似乎熬出了头。悲鸿看他潜心学习雕塑，创作油画，也很想给这个"苦其心志"的青年找到出洋的机会，为他能得到公派留学的待遇而上下奔走。悲鸿那时的夫人蒋碧薇还当起了他的法语教师。兆和还真的有点怕师母那双严厉的眼睛，每天依她的"命令"，要背默法语十多个单词，兆和感到很吃力，但不敢不从。蒋碧薇还以兆和抽洋烟不好为由，教兆和煮咖啡、摆刀叉、跳交谊舞等等法国人的生活方式，好像去法国是板上钉钉的事了。徐先生去求好友福建教育厅厅长黄孟圭，因为此人每年都有五百元的留学官费，悲鸿想争取他支持一下兆和，还趁着他出差路经南京之时让兆和为他画了油画像。这位黄厅长总算同意兆和去留学了，可是，法方有了新规定，要求中国留学生的生活费不能靠打工，必须要带足一年的生活费。兆和没有富足的家底，打算日后再想办法凑够去法国后的费用，他就将公费留学的名额先让给当时也极想留洋的雕塑学者滑田友了。不料，转年官方就出了新规定，要求必须具有本科学历才可以申请公派留学。悲鸿无奈地安慰兆和说："凭你的本事，在国内不成问题。"

其实，后来官方又变了卦，公派留学被取消，兆和出洋深造之想也就成了永远的梦。

1929 年 9 月，蔡元培举荐悲鸿北上到北平大学艺术学院当院长。悲鸿离开南京后也想着兆和，来函要他也来北平一同任教。当兆和正准备成行之时，悲鸿却因院内的纠纷被迫辞职折返了。

民国十九年（1930年），李毅士主任不知为何被卸任了，紧接着便是兆和下岗。此时，负责上海美术专科学校的刘海粟到法国参加蒂勒黎沙龙，要在那里讲学、画画，就委任曾在法国留过学的王远勃做了上海美术专科学校的代理校长，任期两年。徐先生闻知后，立刻就向老朋友王远勃推荐了兆和。正如徐先生所言，26岁的兆和凭自己的本事，在这一年里不仅为《文艺月刊》《新时代周刊》做设计，当王校长审阅了他的作品后便一锤定音，立刻聘兆和到上海美术专科学校

蒋兆和画的人体素描

任人体素描教授。兆和虽然丢了助教却当上教授，更上了一层楼。

兆和又重返大上海了，以往的日子五味杂陈令他回味。一到美专，他便如鱼得水，在那里他认真践行徐悲鸿主张的松而严谨的素描理念。还幸运地观摩了给予他极大影响的德国女版画家凯绥·珂勒惠支亲临作画。要说二十多岁的年纪，如果是现在，还算乳臭未干，有什么资历当教授呢？兆和是当时学校里年龄最小的教师，鸿运高照的他被学生看成哥哥，他把学生当同学，一起画画，一起说笑，一起照相，一起喝酒，一起郊游，全然忘了自己是大学的教授。

人世间，有多少人能一顺百顺呢？那时的美术圈里，留法回国的两个画家徐悲鸿和刘海粟，都是把西方的人体素描传授到中国来的功臣。可是，在如何理解西方艺术与东方艺术的问题上，

百年巨匠

Century
Masters

蒋兆和
Jiang
Zhaohe

在"为艺术而艺术"还是"为人生而艺术"的观点上两个人各持己见，一时争论不休。

民国二十二年（1933年），刘海粟回到上海艺专主持工作，代校长王远勃自然离了职。当兆和正在埋头梳理教案与学生们一起专心画素描人体的时候，忽遭一盆冷水被炒了鱿鱼。就这样，兆和刚上一层楼又下了楼，在上海教书的好日子戛然而止了。

突如其来的失业，是即将29岁的兆和始料未及的。他又轮回到了16岁初来上海时流浪的境地。西服当了，皮鞋卖了，偶尔有老朋友请他去画像，得到的一点酬劳还不够交房租的。有家造币厂急需钱币上孙中山形象的设计者，兆和应聘去创作，倒霉呀，仅

蒋兆和的油画习作《天马》

一个月，这一工程下马，兆和再次丢了饭碗。在以后的半年里，他常常吃不上饭，美好的校园生活就像梦化为乌有。福无双至，祸不单行，恰恰就在这无望之时又传来了最坏的消息，带他出川的大伯父蒋茂璧在 1928 年就已驾鹤西去了，他还没有见过是啥模样的已 17 岁的三妹子，就突来病祸也身亡了。当时，正在上海的二妹妹万琦就靠兆和挣钱供她念中学呢，断了"银子"的兆和只好求老画友白蕉暂时解囊相助。万琦在 90 岁那年还记得当年哥哥的惨状，她说："最冷的天他身上只穿一件破大衣，一条裤子，常常都是扯一张报纸到炉里烧，取一片刻的暖。他没有一个热水瓶和茶杯，我简直不可思议他是如何生活的。"更急煞人的是兆和的父亲也病危了，他瘫痪在床，清醒时还在无力地嘶叫"婆娘"！无钱去找西医大夫的蒋茂江来日不多了，家里来信要兆和回乡服侍以待后事，一向孝顺的兆和哪里有钱回家呢？他彷徨在大上海茫茫的夜色中，想尽快地找到工作为父亲挣些看病的钱，也想挣钱给妹妹念完高中。他混进花花世界打起了杂工。难怪后来有花边"新闻"竟言香港电影《赌神》的原型就是兆和放浪江湖的传说。这传说不真，兆和打的是什么工，是否去了赌场已无从考证，但他把挣得的钱，寄回老家给父亲治病，还分给二妹补充学费，又为一个被卖入妓院的姑娘赎了身。要说这天下的爱有情亦无情，更大的打击几乎击碎了他的心。这个唯一能给兆和慰藉的姑娘，久染肺痨病情恶化，兆和几次背着她去看病，她还是命丧黄泉！堂伯父去世了，三妹去世了，父亲生死难料，就连身边的心爱之人也离他而去。此时的兆和万念俱灭，杯杯酒醉痛不欲生。他望着一江苦水茕茕孑立，形影相吊，就在倾身投河的那一瞬，说来也真是命大，有个人从兆和的背后抱住了他！

百年巨匠
蒋兆和
Century
Masters
Jiang
Zhaohe

蒋兆和在徐悲鸿家创作雕塑作品

这个人又是谁呢？可能谁也猜不到，抱住兆和免于投江殒命的就是那个丝业商家黄震之！黄震之把兆和安顿在自己家中，劝他不要灰心，鼓励兆和去参加孙中山铜像的设计投标。那个时候哪像现在有网络沟通这么便捷，三个月了，悲鸿才从黄先生的信中得知兆和在上海的不幸，他焦急地要兆和尽快地到他那里。于是，兆和把近百幅人体素描、三十多幅油画和图案画暂存在黄老先生的家中，准备去南京。1933 年 12 月，兆和给黄老先生做了全身雕像。这件雕塑高不到两尺，黄老凸出的眼神雕刻地精细入微。长衫纵身而下轻松随意。衣纹起伏恰如中国画里的线描简练洒脱，这儒雅之风，很有中国民间泥塑的那种夸张的感觉，但又不失为一件能透过老人的长衫可感觉到筋骨的现代雕塑。

兆和一生都没有忘记黄老先生的救命之恩！这件泥塑作品就像保护神，从此守在兆和身边五十多年！兆和存放在震之家的近百件人体素描、油画作品因失火被毁于一旦，兆和亦毫无怨言。黄震之的雕像如今已经作为中国现代雕塑的一件精品，被中国美术馆收藏。

民国二十三年（1934 年）1 月，兆和带着这尊雕塑再次投奔徐悲鸿，一住又是一年。悲鸿介绍兆和到南京中央电影制片厂拾

蒋兆和雕塑《黄震之像》

起了老本行去画布景。兆和虽然不愿再回到工艺圈里糊口，但还是听了悲鸿的劝，暂时打工等待时机。

此时的兆和把业余时间都用在翻看更多的画册上了，他从中知晓了西方绘画的许多细节。从西方绘画造型的规律中，他感觉到把握形体的关键，是抓住形体内在与外在的结构，不能看表面的光影。他在后来的回忆中说：

> 我在上海美专教素描时，就和别人的教法不一样。别人都是先分大面，我不那样，我重视结构。

在悲鸿的家里，他不停地创作雕塑、油画，塑像《孙中山》就是在那时产生的作品。美术界的不少朋友便推举他以"江南雕塑家"的名义加入到中国美术会，并任命他为学术股干事，这是兆和做梦也没有想到的又一次转机！而此时的他，心智亦随着命运的颠簸变得沉稳了。他没有因为被承认为雕塑家、被任命为中国美术会的干事而得意，他依然觉得作为自己的生活模式，只能是与底层的民众同甘共苦。大众的困苦使兆和更加清晰地明白了悲鸿引孔子之言"困而知之"是何等的深刻。他在自身命运的历练中深切地感受到：

> 我就想用画笔真实地表现穷苦人民的生活。我并不是站在人民之外的一个同情者。

这一年，兆和30岁，已不是那个出川欲试的孤苦弱冠，他在有幸与不幸中"毕业"了，不仅锻造出善思变、肯钻研的性格，更有满腹家学，集图案、装饰、素描、油画、雕塑于一身之能，丰厚的底蕴鼓足了他的志气，悲鸿强调写实重在现实的教导，已成为他自立人生的标杆。他向恩师悲鸿说了自己的想法，要到更广阔的天地中去"为民写真"。

第三章 ─ 奉献苦茶

蒋兆和三十而立，他立志要到更广阔的天地中去「为民写真」。当他得到了去北平办画室的机会，却又折返回乡，可想他的事业又遇到了怎样的阻力。他在重庆一发不可收地创作出一系列全新的水墨人物画，他终于悟道得法，走出了一条前人没有走过的路。不幸的是，当他以独特的风格正向着艺术巅峰攀登之时，国家却到了最危险的时刻。作为一名画家，他又该如何呢？这一章节叙述了蒋兆和去重庆前后发生的奇迹，这是蒋兆和艺术历程中重大变法的时期。

大悟回炉

百年巨匠
Century
Masters
蒋兆和
Jiang
Zhaohe

兆和在悲鸿家里不停地创作雕塑，协助《中国美术会季刊》做设计，参加第三届中国美术会的画展，参展期间又经友人介绍参加到慈善组织世界观音佛缘会，成为南京画界里的大忙人。就在这"柳暗花明"之际，他却偏偏脱离了中国美术会，辞了电影制片厂的工作。

民国二十四年（1935年）9月，兆和到了北方古城北平。他随身只带了在全国美展上获奖的几幅图案画和那尊黄震之塑像，还有他的竹箫。在蜀地长大、习惯了湿润空气的兆和为什么偏偏要到干燥的北方去呢？原来，北平那里有个画油画的泸州人名叫李育灵，是在南京与兆和相识的。他写信邀请兆和到北平合办画室，正好迎合了兆和想到更多地方体验生活的想法。

北平是兆和的大伯父蒋茂璧曾经做过官的地方，是"五四"风潮的发源地，兆和少年时就对这座五朝帝都有过诸多猜想。画友李育灵忽然有请，给兆和提供了探知古城的绝好机会。他迫不及待地脱下西装，换成灰布长袍坐上了火车。虽然一路越走越荒凉，却依然神往。他看到了天津卫的金刚大铁桥，看到了永定河畔厚厚的黄沙……结果呢，到了才知晓，李育灵与他的俄国老婆闹离婚，不想在北平发展了，就请兆和来接管他的画室。这位仁兄还怕兆和办画室没经验，告诉他就是以画家的名义办私塾，还可以办展会买卖字画。兆和觉得这与上海的画廊差不多，而千里迢迢从南京到北平，也算平生第二次出远门了，但这次不是倒霉运逼得他去流浪，而是自愿当北漂，重打鼓另开张。这画室在北平东城区东单大街的芝麻胡同里，招牌沿用李先生的"无名画社"。兆和想在这皇城根儿下也干出点名堂，不但要招收学生，还要与北平的老少画师们结缘呢。

兆和初来乍到，又得重新适应陌生的水土。天生不

蒋兆和自画像（素描）

怕辣的他，却咽不下北方人生嚼的大蒜，更没有尝过北方人爱喝的豆汁儿。他不理解北平人怎么就爱煮饺子不知道煮火锅，北平人遇事还要讲究个礼儿，那些跟满人学会的规矩，兆和从来都没有听说过。悲鸿担心兆和孤身闯荡北平会有麻烦，就让兆和带着他写给朋友齐白石的信，他想把兆和托付给这位值得信赖的长者。

那时，北平的画坛教头当属中国画会会长周养庵，不在他膝下磕头，岂能在画界里立足呢？兆和硬是不肯，就凭着悲鸿先生的一封介绍信，壮着胆儿打听到西城的跨车胡同15号，去拜见了画家齐白石。

白石也是个外来户，这位从湖南来的老画家已年逾古稀，他五官端庄至极，还戴着一副圆框老花镜。兆和用画者的视角看到白石老人那隆起的眉弓和高挺的鼻梁，就像两道峻岭。一片白色

百年巨匠
蒋兆和
Century
Masters
Jiang
Zhaohe

齐白石老人

长髯漫过人中飘散而下，垂在炫黑如墨的缎袍之上，酷似瀑布飞落山间。这独特的"风景"让兆和看到了一幅与《芥子园》完全不同的"山水"。看着白石那双充满睿智的眼睛，兆和忽然地就想起了文艺复兴时的达·芬奇、古希腊时的苏格拉底。但白石毕竟是中国老人，有种心无纤尘之感，既像恩人黄震之，又像大伯父蒋茂璧。

齐白石看到比他矮半头的兆和，用湘南话呼道："满哥！"兆和听齐老叫他"小哥"，一下子就没有了年龄上的隔阂，白石仔细地读了悲鸿的来信自言道："生我者父母，知我者徐君。"

白石拿着信便与兆和闲聊起来，他说自己在北平被人看作是"野狐禅"。兆和听老人家说了好长时间才知道，1929年悲鸿出任北平大学艺术学院院长时，曾"三顾茅庐"力挺白石"出山"任教。而白石自觉无洋学历且年事已高再三推辞。求贤若渴的悲鸿认为白石也算是他的老师，多次盛邀，白石才依了悲鸿成为教授。但事与愿违，此事惹得学院内外一片哗然，不仅白石遭到鄙薄，悲鸿也备受谴责，孤掌难鸣的悲鸿一气之下辞职返回了南京。兆和想起来了，那时徐先生也有请他来任教之意，徐先生原来是"任人唯贤"而遭了罪！兆和对悲鸿的感激与白石对悲鸿的感激甚至"内疚"拴在了一起。兆和劝齐先生不必自责，白石深叹一口气，说出了曾写给悲鸿诗中的一句："江南倾胆独徐君……使我衰颜满汗淋。"随即把手中的信工工整整地压在镇尺之下。

老人家起身招呼兆和吃水果，还翻出沉箱已久的几幅早年创

44

作的人像画。兆和一看惊诧不已，画里的肖像明暗层次分明，齐先生居然在大清时就已经在尝试"洋为中用"的中国画了。兆和这才知道，当中国的人物画要摆脱颓势，在向现代靠拢的变化中，有陈老莲，有黄慎，有任伯年，还有眼前的这位齐白石。后来，兆和就像认识悲鸿那样常去齐老的画室拜访，他看着案桌上的一碗碗真石材、一碟碟纯药料组成的中国画颜色，还有大小不一的石头、印章、各种刻刀和毛笔，就想起大伯父曾送给他的那枚鸡血石和父亲给他的那些笔，亲切之感让兆和深深地陶醉在齐老的一幅幅笔酣墨饱又惜墨如金的画作中。兆和按捺不住了，仅用了一个多星期的时间，就在白石的家里，塑出了比真人还大的齐老雕像，于是，湖南画翁与川贵后生结成了忘年交。

兆和在陌生的北平能遇上齐白石又是一大幸运，他觉得很顺利，便愉快地收了几个学生，可是，学费不够房租钱，他就找到一处小一点的房子，把画室迁到了东城区灯市口附近的大方家胡同15号，更名为"蒋兆和画室"。

民国二十五年（1936 年）盛夏，年满 32 岁的兆和就在这个三十多平方米的画室里，信心满满地办成了一件大事。他把自己在北平画的油画和素描新作，包括特别引人注目的齐白石塑像等五十余件作品和学生的油画、素描作品四十余幅合办了一个师生画展。他邀来北平艺术界三十余人，还把上海的摩登与南京的时尚带到了北平，有酒有茶有咖啡，这样的

蒋兆和雕塑《齐白石像》

"Party"，让北平的普通人开了眼。于是，在这新颖的画展里就有几十位观者成了兆和画室里的沙龙朋友。其中有四位观者大加感慨，一位是搞版画的画家，一位是画山水的教授，一位是记者，一位是工艺美术师。不过，当时的兆和并未察觉到这四位先生非同一般，他们在兆和未来的艺途中都扮演了至关重要的角色。

在兆和的师生画展里，有两幅油画是在北平新创作的。其中一幅是兆和刚到北平的时候画的。有一天他看到一个拾煤核捡破烂的老妇，就随之去了她的家。兆和好奇地看到在北平南城，居然有不见瓦片的平房。屋子的房顶是草绳与高粱秆搭接而成的。这老妇在屋里堆满了被人丢弃的东西。她婆婆妈妈不停地向兆和哭穷，兆和就把她的那张蜡黄脸和怀有怨恨的神色画了出来。这幅油画《背筐老妇》与后来在北平胡同里完成的油画《一个铜子一碗茶》的色调很相近。也许，这"双生"的两幅画是北平城里最底层人民的一组缩影。那个恨自己是苦命根儿的老妇人也许过于小市民了，她的样子挂在"卖茶小伙"的旁边也就更显悲催了。《一个铜子一碗茶》画的是一个十五六岁憨厚、老实的男孩。他剃光的头上冒着汗，很像老舍小说里的祥子。他的脸黄里透黑，丝毫也看不出是城里人。这幅油画带着北方的乡土气，这是兆和将当时的北平与洋化的上海作出的对比。

兆和在晚年时，也像当年的观众那样，总在这幅油画前看每一笔凸起的肌理，每一笔都能引起他的回忆，早年流浪过，失业时绝望过，卖茶小子那隐有故事的神情，就是兆和心力交瘁时的影子，他在这幅油画之外流露出了这样的情感：

> 一个铜子一碗茶，人问何处有阴凉？
>
> 惟问童子因何故，患难相共岁月长。

Century
Masters
百年巨匠
蒋兆和
Jiang
Zhaohe

《一个铜子一碗茶》（油画）

百年巨匠
Century
Masters
蒋兆和
Jiang
Zhaohe

他常对学生们说："这搪瓷水壶包着一层棉布，上面有水的额凛很难表现，画出来就体现出卖茶人的艰辛。"

兆和画的《背筐老妇》和《一个铜子一碗茶》与处女座《江边 —— 黄包车夫的家庭》一样，表现出社会形态，也表达出了人物的情思。而在北平画出的油画，其技巧也进入到了最佳状态。观众们从《一个铜子一碗茶》阴沉的色调中，感受到的是卖茶小子心中的寒冷。茶壶后边的那棵大树没有夏日的强光，但从那把芭蕉扇，从卖茶小子身上的汗迹里又感觉到了一股暑气，内在的冷与外在的热形成了强烈的反差。整个画面在灰蓝色与黄灰色之间，在蓝色旁边也有少许的橙色；卖茶小子那黄褐色的肌肤上还错落着紫色、红色和绿色。兆和吃透了欧洲早期印象派把握光与色、冷与暖的技巧，娴熟地把对比色的概念渗透在他的油画里，使表面单调的人物有了丰富的内涵。他自己并没有意识到，在中国早期油画中，他是少有的善于用笔触摆色的"点彩派"。这么多看点使宽约 60 厘米、高约 80 厘米的《一个铜子一碗茶》成为师生画展中最为抢眼的展品，特别引起了观者的好评。可是，兆和画出的质感虽然逼真，但对西洋画陌生的人来说却引不起半点兴趣。一些墨客们只觉得"四王"山水可登大雅之堂，他们认为油画是洋鬼子的东西，那些裸体的绘画更丢人现眼不成体统。北平的普通百姓也不知道南方人喜欢丰子恺画出的智慧草民，他们只偏爱年画里的财神和兔儿爷。兆和通过办师生画展，才感觉到他和他的油画、雕塑、图案在北平的画家圈里显然是个另类。展览的评价虽然不俗，也大都是来自北平艺术专科学校里留过洋的教师或者是知识界中与美术无关的外行。北平中国画界里的大多数老行家们反而鄙夷不屑。兆和的画远不如在上海、南京时那样被理解，兆和百思不得其解。

怎么画才能让平民动容？学来的人体素描怎样才能入乡随俗呢？他带着太多的问题又去找白石讨教了。齐先生闭口不谈什么"扬州八怪"，也不评论郎世宁，只说自己从小看到的生活，他用笔指着自己画出的鱼、虾、蚪、蟹，点拨兆和，兆和有些明白了，白石的画能让更多的人心动，只因齐老善把"文言文"似的高端笔墨变成了"白话文"，让徐渭、八大山人和石涛的趣味活在了百姓的心里。所以，齐老的画不止是"红花墨叶"，乍一看有些吴昌硕、陈师曾的笔意，更多的是草虫、庄稼、瓜果、水产，甚至还有农具。眼前的一幅《扁豆图》，就是在"写实"与"写意"之间"似与不似"地写出了朴实无华的农家乐。总是向下看的齐老画出的画或借物言情，或借物讽今。这独有的潇洒与诙谐，兆和觉得是一种别样的"现实主义"，难怪悲鸿宁可丢官，也要坚挺齐白石。

兆和看着齐先生握着的那杆笔，他想，自己也如齐老那样形神兼夺，画出的"素描"里有"白描"；油画里几乎没有费笔；雕塑也形似古代石刻，可是，师生画展也就新鲜了几天，而白石的画，很多人一看就能记住。虽然齐老的画在"老古

《背筐老太》（油画）

百年巨匠

蒋兆和

Century
Masters
Jiang
Zhaohe

董"的眼里也不入流，在市场上也就是北平老画家润笔费的一半，可百姓们一聊起白石的画来就津津乐道。

兆和忽然开窍了，他悟出白石是用中国人独有的水墨技巧，我行我素画出了百姓生活中的情趣，这独有的"写真"使兆和想起了悲鸿的话：

> 古法之佳者守之，垂绝者继之，不佳者改之，未足者增之，西方画可采入者融之。学习西画就是为了发展国画。

白石老人也常说，中国人重在表意，妙在像与不像之间。悲鸿指出了发展中国画的方法，白石一语道破中国画之高明。也正是在那个西学激荡、国学不振的时期，兆和在挫折中猛醒了，他说：

> 由于悲鸿的提醒，才在我思想上更加明确起来，记得当时，他对中国人物画的现状特别不满，对中国画的前途深为担忧，并以落后于先民为深耻大辱。

而白石画的花鸟鱼虫显然已超越了先民，他的超越是把中国传统绘画这一"母语"，变为自己的语言，是在本土的树根上长出的新枝。如果用传统的水墨表现现代人物，或许就能像白石那样"以形写神"，达到以神表意的境界。两位导师终使兆和不会再因留法未成而遗憾了，他说：

> 不去也好，完全走自己的路。

兆和终于挣脱了中西文化对峙的羁绊，从中西绘画的"围城"里走到了城门边……他望着平房黑瓦间顽强的小草，看着护城河上的船只，觉得自己曾在西化了的环境里旷日积晷，便主动与北平中国画会老画家萧谦中先生讨教山水技法，还萌生起再去看看家乡的石雕之念。

1936年9月，兆和改耕砚田，画箱里泛着洋油味的油画色不见了，换成了涮笔的瓷罐、砚台和毛笔，他在一家土坯垒成的院子里迫不及待地跃跃欲试了。他临场研墨，用中国的毛笔，画了一个靠给人家缝补衣裳过日子的老妇人。这是兆和平生头一次在糊窗户的豆纸上，把活生生的人画出中国画大写意的效果。这幅题为《缝穷》的半身肖像，画得如何呢？还不能说那时的兆和对初次尝试的水墨人物画就能炳若观火了然于胸。

蒋兆和的第一幅水墨人物画作品《缝穷》

1936 年 10 月，兆和在《北辰画刊》上发表了《齐白石塑像》，他似乎要在感恩中与往日道别，他摘下了画室的牌子，决定"回炉"再造，兆和要在中国人自身的艺术形式中去溯本求源了。

独辟蹊径

1936年的10月底，兆和托运了画室里所有的作品，背着画具，坐火车、乘火轮，十多天里逆水行舟，艰难地攀入蜀地。

他看到江边上的纤夫们，依然赤裸在烈日下步履蹒跚。小市的卿巷子里叫卖声不绝；花椒与辣椒的味道弥漫在湿气中。兆和的大妹和七叔等等一家人不知在街边站了多久，才盼来了不期而至的兆和。

蒋家人抱在一起，16年思念的话全成了泪水。兆和走进家门，院落竹林里的那座小亭"听涛楼阁"上的油彩已经脱落露出了木纹。中堂里陈设依旧，只是更显破败，冷冷清清。兆和把一尊在上海塑成的父亲头像恭敬地供在祖宗的牌位旁。大妹妹陪着哥哥走到空无一人的厢房里，兆和问，家里人还有抽大烟的吗？妹妹的一双大眼睛看着哥哥急促地摇头说："我不抽的！没有看到家里有人抽噻。"兆和环视屋内看到了他在14岁时给父亲画的像，还贴在柜门上。一摞摞画有山水的窗户纸，仍放在那老地方。

当晚，兆和与七叔聊得很欢，海阔天空地聊起了大上海、南京城与故都北平。一说起外面的各种思潮，兆和就激动地从嘴里冒出了"普罗艺术"，七叔和大妹妹就像听留声机里的西洋曲实在是搞不懂。兆和说二妹妹万琦在上海上中学时他就失业了，后来二妹妹到南京去找他，看到徐先生画奔马，就磨着也想干上这一行，兆和怕二妹妹学画吃不上饭，就拿出积攒的钱鼓励她去考大学。大妹妹万琛立刻说："二妹太聪明喽！父亲听说她考上复旦大学了，高兴地从床上起来要酒喝！"兆和告诉大妹妹，他每月拿出 300 元给二妹补充大学的费用，说着说着又自责起来，说自己没本事挣大钱，还是他的侄女蒋代燕到上海后卖了首饰才帮二妹把欠学校的钱全都还清了。二妹万琦因为没钱交学费，在法学系只读到二年级就肄业了，幸好碰上一个能疼她的人，随他成了亲。三个人无言了许久，才听到兆和说道："万琛，哥对不起你，给你的钱太少了。"七叔续上茶，给兆和点上烟把话题一转，尴尬的气氛又变得自然起来。七叔听兆和的话里提到了蒋代燕，就说起蒋代燕的父亲，话说到这时，兆和露出了敬佩的目光。他知道代燕的父亲蒋叔良去过上海，但不知叔良怎么就能找到他住的那间小阁楼。其实，兆和的大伯父蒋茂璧很早就与朱德成了至交，大伯父支持儿孙们去投共产党，他的儿子，兆和的堂哥蒋叔良与恽代英是好朋友，便加入了党组织。后来又与吴玉章、刘伯承一起去上海，他们与一些年轻人经常借宿在兆和的"鸽子楼"里开会。他们相信兆和，很放心地把共产党的身份告诉了他，并让他在楼下负责放风。兆和在晚年时还提起这段神秘的经历呢，他说："他们商议去苏联，还说要带我一起去呢。"谁料想，蒋介石清党翻了脸，兆和与堂哥他们就失去了联系……兆和说到的侄女蒋代燕，其实也是中共地下党人。那时她到上海，就是与组织去接头的，后来，她参加了新四军。

多少年过去了，蒋家人已各奔东西。革命的，求学的，经商的，只留下大妹妹卖花守家，唯有兆和走上了艺术之路。煤油灯下，兆和让大妹和七叔知道了他的恩师是徐悲鸿，遥远的燕山城里还有了不起的画家齐白石。他从箱子里拿出了黄震之的塑像，

第三章　奉献苦茶

53

把这"伯乐"救命的故事一直说到夜深。

次日一大早，兆和就到山里去祭扫父母的坟。到大伯父蒋茂璧的墓碑前敬了香，而后，转身就去了拳师余良弼的家。他送上北平的小酒"老白干"，与余教官海聊起来。晚饭后，兆和打开一卷小幅油画，还有那幅水墨写意作品《缝穷》，余教官觉得兆和变了，画出的画也变了。按照余教官熟悉的章法，与兆和拿出来的西画对不上号。《缝穷》倒是看了半天，他说这画上勾出的线有些不均匀，不过，越看越耐看，余教官也搞不懂了，他问兆和："你在学清朝的那个'东海布衣'黄慎吗？他就画过"破墨"平民的画。"兆和便聊起古代也不乏用工笔或写意的方式画出平常人的画家，但能通过写生来画的就屈指可数了，能注重内心情感的画家就更少了。余教官对兆和的这种画法颇感奇特，他鼓励兆和再画出几幅看看，兆和就像汇报似的，一板一眼地说想再多看看乡里的那些石刻，余教官会心地笑了。

兆和自从离乡，与很多在外奔忙的人一样，一刻也没有忘记过自己的家。他越过稻田，穿过竹林，去了乡间不少地方。他在少时玩耍过的龙脑桥上站了许久，趴在巨大的龙、象石雕上抚摸，天已渐黑，他又忘了回家的时间。

余教官的肯定与期待，使兆和寝不安席，在辗转反侧时他想，泸州这小地方恐难找到糊口的差事，又何能安心作画呢？他想起堂伯父蒋茂璧带他离开泸州途经重庆时去过他的大儿子蒋伯庄的家，或许能得到他的帮助？于是，他改变了要在家里多歇几日的想法，便匆匆地与家人，与余教官告辞了，如负使命般地踏上了前往重庆的木船。

如果冥冥之中真的为每个人安排了使命，那么，兆和的重庆之行将负有怎样的重任呢？仿佛一切都安排好了，兆和一到山城，便去了储奇门行街 28 号院的堂哥蒋伯庄家。这蒋伯庄是那个曾经参加泸州起义，1927 年密赴苏联的共产党人蒋书良的哥哥，他比兆和大了二十岁，是个厚道人，他弟弟书良去革命，孩子都由他收养了。果不其然，突然到来的兆和并没有被拒之门外，蒋伯庄让堂弟吃住在家，使兆和有了安心作画的可能。

蒋伯庄是位银行家，他认为蒋家出了个文化人是光前裕后的事。他逢人便说兆和弟是个天才，经常以兆和能为他的朋友们画像为荣。堂哥还送给他一样稀罕物，一个如同大烟袋的东西，是一根用竹竿做成的笔筒。竹竿的一端有根棉线系着圆柱状墨盒，里面是浸满了墨汁的丝绵。从那时起，兆和就带着这样的工具，游走在重庆的街巷里，用当地竹草浆制成的纸，用水墨的干与湿，成规模地为人造像了。

要说兆和用中国的毛笔与墨汁为人造像似乎很奇怪，仿佛一夜之间，兆和就从平面设计师、图案画师、油画家、雕塑家摇身一变成了画国画的，而且瓜熟蒂落已见丰满。这技巧从何而来呢？从西洋画跨越到中国画，这中间的演变过程呢？怎么就像山城里的上下变景，变得也太快了吧？其实不然，从兆和 6 岁开始学习传统书画算起到 16 岁整整十年，这十年他好比在翻越，越过了"川蜀大山"。从他 16 岁开始实习图案与设计到 24 岁又努力了八年，才在高处看到山外还有山。从他 23 岁研习素描和油画、雕塑到 30 岁，苦练了七年之后，才知道在多彩的峡谷中才能看到山顶上的风光。

兆和在攀缘的路上摸索了 24 年，在泸州继承，在上海出道，在北平开悟，到了重庆，他已在众山之上了。他终于可集东西方

《不慕古人》（书法）

绘画之长，可以自如地用中国人司空见惯的水墨为现实中的民众写真了。

在当时的画界，都说兆和是画西画的，他用炭笔、扁毛、色刀、雕刻刀处理人物体面的透视与光色游刃有余。但几乎无人知晓，传统的白描与山水画的勾、皴、点、染对兆和而言是再熟练不过的童子功。所以，兆和试画水墨《缝穷》时能挥笔可范也就不足为奇了。兆和曾说他把山水画的技巧用在了人物画上。他把人物身形上的光影，比作山水画中的阴阳向背，明暗分界处略用焦墨皴擦，昏暗处用淡墨渲染。如何用线勾勒，便是兆和最为看重的功夫，他把人的骨骼与肌腱的结构比作山形走向，用轻重不同的线去勾画。这种以西画的洞察力加中国水墨的表现力绘出的人物，再也不是千篇一律的套路，足可驾驭复杂的形体，能酣畅淋漓地画出个性鲜明的人物，可称下笔成珍。他为这一独创的画法还写下了一段自勉的话：

不慕古人，不追时尚，面向生活，融汇中西。

兆和刚到重庆没几天，就这样一发不可收地画了起来。他背着画夹，揣着毛笔、墨盒走在百姓当中。山城冬季湿冷的寒气冻得人手脚生疼，入春后还没到夏季就变成了火炉。大江如蒸锅里的热水，兆和只好卷起裤腿上坡下坡，来回走在"十八梯"上。他一路写生，行笔间带着山风，带着热气，带着民情。水墨里有他同情的人，有他尊敬的人，都是一些小人物，如白石老人笔下的平常物。在一连串的新作里，有街边蹲着《卖小吃的老人》，有《沿街叫卖》的小贩，还有稚气未消的《卖线郎》……剃头铺里还能掏耳朵，真是《一乐也》，大排档中少不了的是《饭后一袋烟》，牌桌前闹得正欢，角落里只见有个盲人在《看财喜》……山麓木楼层层叠叠。一天，兆和在一木楼门前看到一个躬身驼背的老妇正在缝制衣衫，他前去问候，原来，老妇的长子到南京当兵很久了，她说："我缝件衣衫，不晓得娃儿啥子时候能回来成亲噻？"老妇

一针一线地缝，兆和一笔一线地画，也就半个多钟头，这《慈母》就在纸上出现了。这幅作品与兆和在北平试画的水墨画《缝穷》的风格几乎一致，《慈母》里的老太在侧光中黑白分明，中国画讲究的"留白"正巧在光亮中。中国画讲究"取舍"，兆和在背光处，几笔墨染一带而就。而《缝穷》的表现也甚是绝妙，画中老太的脸在逆光中，如果用西画素描来表

《一乐也》

百年巨匠

蒋兆和

Century
Masters

Jiang
Zhaohe

《慈母》

现，不知要画出多少条线才能把大面积的阴影铺满。兆和巧用了中国画"墨骨"之法点到即可，细微的线"似有非有"与五官上的光影融为一体。悲鸿的眼力也实在厉害，多年以后，当他看到《缝穷》就果断地收藏了。

兆和画出如此精湛的水墨人物，显现出东晋画家顾恺之的"以形写神"之理，亦如白石所云"不似为欺世"。但兆和抓住的形，都与人物的神情相关，与"神"无关的形态则概括之，这样的画法在兆和的水墨人物画中比比皆然。他画出的衣着均如速写寥寥，这与18世纪到19世纪的西画和中国古代人物肖像画表现出细腻的衣饰画法又大为不似了，亦如白石所言"妙在似与不似之间"。如此可见，兆和画像只为再现人之精神，《缝穷》和《慈母》两个老太那双专注的眼神与拿着钢针的手，都集中在了画的焦点之上，兆和挥书点睛，在《慈母》画中写出了一首熟读于胸的诗文：

慈母手中线，游子身上衣。临行密密缝，意恐迟迟归。

兆和与孟郊相隔一千多年却心灵相通，也许，诗人与画者在直感中都没有细想，手中线密密缝，这精微至广，表达出的是圣洁的母爱。

重庆的天气多有阴雾，也折射在兆和的画里。看到《卖小吃的老人》，就看到了阴沉的气氛。兆和特别抓住了老人的鼻梁和颧骨显得很坚硬这一特征。兆和练过十年的线描当然不会苟且，就像习武练成的"内力"聚在中锋，让笔稳稳地"行走"在鼻梁和颧骨的边沿之上。与"十八描"不同的是，兆和画出的线虚实有别，是随光影、质感之变而变，这活生生的"骨法用笔"画出了老人不甘示弱的倔劲儿。

西洋画对暗部的细节往往是忽略的，中国山水画里也有一带而过的概括。于是，兆和就让阴沉的墨水漫过老人的脸颊深处，在褶皱不平的纸上自然形成了脸上的纹路，这美感就像山水画里的苍柏老松。而在这幅画上的最打眼之处，是老人颤抖的嘴上亮起的一片"飞白"，那是蓬乱的胡须如思绪"别有幽愁暗恨生，此时无声胜有声"，在这完全没有制作痕迹的晕化里形似神出，中国的水墨与"老死不相往来"的"素描"，在这幅画里不再相斥反成互补，就如兆和自己所言：

中西一理，求二者之精。

《卖小吃的老人》触痛了每一位观者。老人紧握着维系余生的破篮子含泪乞怜。也许，他孤苦一人，还要养妻、抵债。但兆和没有照搬自然，从下笔的那一刻，他就想起唐代画家张璪的高论："外师造化，中得心源。"他将所有的感受都集中在篆刻般苍莽的线条之中，画出了老人那悬虚迷茫的双眸，墨线的张力直冲到人们的心底，让人看到了老人那一世苦水，在眼窝里如微光"返照"，诅咒着世间的阴暗。

兆和深有体会地说：

师我者万物之形体，惠我者世间之人情。

世间万般情感推动着兆和，新文化运动的影响使中国的艺术

《卖小吃的老人》

发生了深刻变革，促使兆和在前人没有走过的路上独辟蹊径，让社会最底层的人们在中国画的舞台上成为主角。不过，这是后来人的评价，兆和曾说，当时知道"普罗艺术"要反映现实，自己已经在"批判现实主义"的路上却并未在理论上加深认识。那时的兆和只以为重庆之行是在洇湿的画纸上找回了家乡的润土，是在苦涩辛辣的水墨里，熬出了纯正的川味苦茶。

可是，兆和也没有想到，这苦茶竟会苦到难以想象的地步！据记载，民国二十五至二十六年（1936年至1937年）间，川蜀久旱不雨，田野龟裂，千里荒凉。3700万灾民粮尽食绝，到了盗吃死尸的境地！兆和看到逃荒的难民涌入山城无处栖身，而马车上载着千金阔少，官人的宅邸灯红酒绿，"劝客驼蹄羹，霜橙压香橘"，杜翁诗中的枯荣之差竟在咫尺之间。

一天，兆和在一处官家大门外的石阶旁，惊悚地看到一个奄奄一息的女孩。她衣衫褴褛光着脚，已经没有气力撑起头发散乱的脑袋。这孩子瘦得只有那双失神的眼睛显得特别的大，她看着泥土上的蚂蚁都有吃的，她羡慕，她想哭，却连哭的气力也被无情地剥夺了。本是金钗玉女，却成了连野狗也敢欺负的饿殍。兆和不忍直视这一幕，也不敢再想，只能用多情的笔触正视多难的山川，把这形如尸骸的生命记录在他的画里。

兆和没有像《卖小吃的老人》画得那般浓重，只用浅淡的墨水，染在女孩那神丧气馁、目涣头垂的逆光里。兆和用疾风狂草般的几条线，就画出了女孩身上破旧的衣服。这幅令人心碎的画作《朱门酒肉臭》，立刻就在社会上引起了轰鸣。报刊纷纷发表评论直言道："此幅《丐儿》，蒋先生自题'朱门酒肉臭'，寥寥五字，倍极痛心，弦外之音，则有'路有饿死骨'也，蒋先生以悲天

《朱门酒肉臭》

悯人之怀，写孤苦哀鸿之惨……"

而最大的惨剧已经在 5 年前就发生了，1931 年的九一八事变，东北大地兵火连天，日军不宣而战，已向华北逼近，亿万同胞顷刻间生死攸关！

兆和关注着局势，他在报纸上知道了西安发生了事变。一天，大街上数万民众的游行队伍就连警察也难以阻挡。他们吹着喇叭开道，高呼"打倒日本帝国主义"。《新蜀报》发出西安事变得到和平解决的三万份报道在一小时内售空。只见报童们在队伍中尤为显眼，他们奔跑呼叫："号外！号外！快看好消息！"

群情激昂的民众要一洗中国百年耻辱，救国、救家的呼声此起彼伏。兆和挤在游行队伍中，他追上报童，捡起一张包装纸就赶快速写，回到住处后他把这历史的瞬间画在了一张豆纸上，这幅《快看好消息》来不及有过多的渲染，速记般的墨线紧锁在报童那焦急的眼神里，昭示了民族的危亡已迫在眉睫！

在重庆，兆和画出了一系列水墨人物，从厚重、洗练到奔放。甚至在千钧一发之际，通过一个个小人物，画出了现实中的大事件，这样的变化意味着什么？兆和没有多想，他只是说：

> 于今数十年来……东驰西奔，遍列江湖，见闻虽寡，而吃苦可当，茫茫的前途，走不尽的沙漠，给予我漂泊的生活中，借此一枝秃笔描写我心灵中一点感慨……

在这民族危亡之时，兆和有了不祥之感。他想在四川久留下去了，堂哥也真心要让兆和吃喝在家专心作画，可是，兆和觉得长期这样也不是个办法。他想起一个同乡，名叫屈义林的学生，就给他写了一封信，希望他能帮着打听打听在重庆或成都能否谋职。而兆和收到的回函却是劝他离开这落后且贫穷之地，说画画的很

百年巨匠
Century
Masters
蒋兆和
Jiang
Zhaohe

啊要快看好消息

海和写于沪市

《快看好消息》

难在此地谋生，堂哥也说只能改行。兆和不是预言家，只得随命运走一步算一步了。一心想着"为民写真"的他，却难写自己的苦楚。

他在无奈中又想到了皇城北平，毕竟那里与西化了的上海不同，毕竟还有不少画国画的画家，有溥心畲、张大千、李苦禅，陈半丁，还有他的师长齐白石。

年近34岁的兆和抱着对北平的一线希冀，带着对家乡四川的眷恋，怀着极为矛盾的心情又折返去了北方的故都。

天知道，兆和这二赴皇城，是吉还是凶？

第四章 ——身陷苦难

蒋兆和回到北平后，在朋友们的帮助下办了个人画展。正当事业有望之时，卢沟桥事变爆发，蒋兆和与北平的民众们沦为亡国奴，在苦闷的境遇中度日如年。在敌占区的白色恐怖与日伪宣传的谎言下，兆和艰难应对，通过创作，"从不掩饰"地表现出人民遭受的侵略之苦与斗争精神。他在这一时期的作品，使中国水墨人物画的艺术成就与思想水平再创新高，为后来创作巨幅《流民图》打下了基础。

一显锋芒

民国二十六年（1937 年）4 月，兆和回到了离别半年多的北平，胡同里风韵依然。逗鸟、玩蛐蛐的……大栅栏扯布、卖鞋的、推着木车运水的，还有吆喝着剃头、磨菜刀的。再看鼓楼湖湾、银锭夕照，文人们照例要到琼岛绿荫下的画舫斋和诗、品茶、把玩"四王"书画的墨趣。兆和呢，他没有去闲逛，拿着堂哥支持的钱，直奔半年前曾住过的大方家胡同，不料，房东说那间房已经租出去了。

这房东是个经营地毯公司的上海人。好在他误以为兆和也是上海人，就热情地带兆和去了朝阳区竹竿巷 34 号，那是一套带院子的瓦房，正房内有三套间。小院里还有一栋不到十平方米的西房。房东说他的公司里有个员工的弟弟，从唐山来北平艺专学画，没钱租房暂时住在学校里，就与兆和商量，能否让这位唐山小弟住在西侧房，打个折请兆和把这北房和西房的租金全都付了。兆和觉得年轻人都挺难的，就应了房东，他用上海话又砍了砍价就租

《学生宋泊像》

了下来重操旧业，自立牌名"兆和画室"。没过多久，房东就带来一个与兆和差不多高，也是个不善言辞的小青年，他自报家门"免贵宋泊"。兆和看他安顿好了，就学着北平人的样子，拎着一个点心匣子和三包从重庆带来的涪陵榨菜，去拜访了齐老先生。

宋泊不言不语，一大早就忙着扫院子，提起木桶就到胡同口去打水。他等着兆和起了床又要帮着去倒便盆，兆和不好意思了，便生炉子烧开水做早饭。两个人边吃边聊，兆和才知道，那位房东的公司里有员工看过兆和在 1936 年办的师生画展，宋泊就是从他哥哥那里知道了蒋先生。宋泊说他从小酷爱画画，也很想得到蒋先生的指导呢。宋泊住进来了，也就成为兆和的第一个入室弟子。艺专没课的时候，他就与兆和一起背起画夹，穿胡同，访平民。

兆和在小宋的帮助下，还请来一个木匠做了两扇近两米高、三米宽的木架子，上面糊上一层高丽

《晚景》

《卖花生》

百年巨匠
蒋兆和
Century
Masters
Jiang
Zhaohe

纸，他说自己有了这样一个较宽敞的画室，与在重庆时借宿堂哥家就不大一样了，可以痛快地在大纸板上作画。可是，千百年来墨客们的书画都是在桌案上挥翰所得，兆和却习惯了拿着画夹子竖在自己的腿上，习惯了画油画时站着看效果的感觉。他偏偏要在大立板上画国画，这举动在当时的北平是头一份儿！按照现在的话来说也算是"架上艺术"了。

兆和没有多余的钱到琉璃厂去购买宣纸，就用大头针在画板上钉上糊窗户的豆纸，又创作出了不少水墨人物画，在他熬制的川味"苦茶"里有了北方的味道。这北方的味道给兆和留下了很深的印象。他觉得在皇城根下，有的人活在"德先生"与"赛先生"的口号里，有的还身在大清。兆和看到的北平就像一个舞台，旧戏刚刚落幕，那些心在大清的人还没有来得及卸妆，就被新剧的灯光晃得浑浑噩噩，兆和把这样的人看作是一种独特的社会形态，豆纸上便有了在风烛之年熬度《晚景》的白头翁，也许，他曾是一名宦官，还在想念宫里的生活。豆纸上又出现了《卖花生》的纨绔子弟，穷了，也得穿着马褂显摆先前的阔气。兆和画出的《末路旗人》，是个充满恐慌的老妇。另一幅《日暮途穷》里的昔日贵人，他凝视前方一脸杀气，兆和把他们的抱怨晒了出来。学生宋泊就在一旁像兆和当年亲临悲鸿身边观其作画一样，看兆和怎么洞见世俗，怎样用笔走线，如何通过混沌之墨、凝滞之感去暴露痼疾，在画面上能戏剧性地表现出顽固的旧势力盘根错节，用绘画的语言呈现出一个时代的更迭。

兆和虽然看到了这些特别的人物，但在他的视野里更多的仍是那些活在底层的人们。竹竿巷距离朝阳门外不远，那里是穷人聚集的地方，有做小买卖的、流浪的、拉车的和算命的，兆和在那里画出了褴褛不堪的《我家黄脸婆》和《乞妇》……在护城河边，坐着一个茫然发呆，没钱上学的小妞，兆和就把她比作一只《迷途的羔羊》。那些饥肠辘辘《拾煤核》的男孩，使兆和想起了家乡里那些贫穷的发小儿，他画哭了自己。

而"骆驼祥子"们，更是北平的一大特色。天桥上熙来攘往，满大街都是他们的身影。兆和看着这些好胜、顽强的拉车人，想起在重庆画过一幅《车夫》与之酷似，兆和用横竖泼辣的线条表现出的这群爷们儿，不顾疲惫，停歇了就要挨饿，他们心里都明白：

半日血汗可抵今天的租金，婆娘儿女你们等着，肚子让我仍需努力。

兆和画得越来越多，来看画的朋友也日渐多了起来。有教师、画家，还有青年学生。一个名叫李文的小伙，是汇文中学的高中生。他听表哥说从南方来了个画家，画的内容不一般，便好奇而来。这帅哥十七八岁人高马大，他学过武术，浓眉凤眼一脸侠气。他满不在乎地走进画室，也不讲什么客套话，径直地走到《一个铜子一碗茶》前看了又看，当他看到那些墨色凝重的国画时，只见他竖起了大拇指。在他看来，画中国画的人有得是，还从来没见过把大街上卖水的、拉车的、拾破烂的穷人当个人物来画的呢！在以后的日子里，这小伙追星一样地成了画室里的常客。他主动要当模特，兆和看他一身肌肉挺像雅典神话里的男神，就让他只穿白色练功裤，手持金剑半蹲在地上，变成了油画中的一个雄姿勃勃的武士。

这小伙还主动为兆和找模特，带来爱好画画的同学做兆和的学生。年轻人就是点子多，他鼓动兆和跳出这小小的画室开个大画展，让更多的观众能看到这些新鲜的画。两个年龄相差近一轮

百年巨匠
蒋兆和
Century
Masters
Jiang
Zhaohe

《乞妇》

《车夫》

的年轻人说到一块儿去了，他们一拍即合，兆和拿出在重庆为人画像的全部积蓄，李文跑场地，还叫来不少哥们儿帮着宋泊一起布置会场。

在这些帮忙的人里，当然还有老朋友。1936年在大方家胡同的"蒋兆和画室"里举办师生展的时候，不是有四位观者大加感慨吗？其中的第一位就是北平城里相当有名的版画家，人称"万版楼主"的王青芳。他为兆和的这次个人画展上下活动，印请柬、写文章、叫记者……他的能量真是大得不得了！开展那天，好几个国家的使节都被他请来了！

《世界日报》刊出广告言称："蒋兆和绘画近作展览会于中央饭店大礼堂举行。展览自5月12日下午3时开幕，至19日下午6时闭幕。"展览会上，有大学教授、中学教师，有学生，也有从工厂、机关来的职工。北平的油画家们几乎都来了，连画传统中国画的画师们也来了不少。大家何曾想过，画展里不见风雅空境，不见古代佳人，只见半身或全身大的中国水墨效果的特写肖像，画的全是现实中的普通百姓。有的观者格外认真，一边看一边在记着什么，在兆和的作品前还发表见解，说出鲁迅的话"多采自病态社会的不幸的人们，意思是在揭出病苦，引起疗救的注意"。报纸上也刊出文章，称兆和的画是"普罗利亚"，是无产阶级的画。于是，吸引了一些受苏联影响的青年前来观展。其中就有李文的同学，参加革命的郑宏宇和中共地下党员、文物鉴定专家黄奇南，还有中共地下党员、后来成为中央美术学院副院长的张启仁。当时，他们是兆和的"粉丝"，成为画室里的学生，自此，他们也成了与兆和相交一生的挚友。

兆和的画展在一个多星期里就有观者千人之多。不少行家对名不见经传的兆和刮目相看了，把兆和看作是独树一帜的用毛笔画出现代人物的怪才。但这怪才也会被看作"哪吒"坏了规矩。有的留洋画者认为素描与色彩是肖像画必有的要素，用水墨"写实"是否牵强？恪守文人老套者也有话，说古法白描不可逾越，中国画唯有意在不可实在。也可以说，各家纷纭自有道，只是"怪才"先探求了一步。悲鸿与白石都是守正求新的大家，自然能看懂兆和的艺术。白石老人很少出去观展，

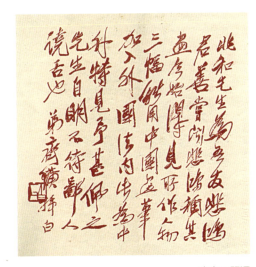

齐白石题词

这次，他老人家也来捧场了，他在画展的请柬上题了词：

> 兆和先生为吾友悲鸿君善，尝闻悲鸿称其画，今始得见
> 所作人物三幅，能用中国画笔加入外国法内，此为中外特见，
> 予甚佩之，先生自明，不待鄙人饶舌也，弟齐璜拜白。

无论人们对兆和的画展是褒是贬，但都知道了在北平有个善用中国水墨来画现代人物的四川画家，兆和在北平的人脉便开始扩展了。

1936年兆和举办师生画展时，那四位大加感慨者中的第二位，是山水画家邱石冥。画展后他经常不请自来，成了"兆和画室"里屁股最沉的画友。被悲鸿盛赞为"五百年来一大千"的国画家张大千，更以同蜀兄长自居，与兆和拱手相拜。大千不仅画得好，一身武艺也是了得。画展后，他经常来画室与兆和论武说艺，在院子里一起玩拳。一天，两人可能是酒后夸口，兆和说16岁时在江船上一拳就制服了两个狂徒，在上海夺刀吓跑了劫匪。大千豪爽地拍着胸脯说：入了佛门就习武

百年巨匠
蒋兆和
Century
Masters
Jiang
Zhaohe

蒋兆和、张大千、邱石冥合作《小家碧玉》

健身，一个能顶仨！

一天，夜半灯明，桌上有北平的花生和泸州老窖。学生宋泊研墨，兆和在画板上描绘寒素小女。大千站在兆和身后盯着兆和手中的笔，就像观察一处绝妙的景致。而善写论文的花鸟画家邱石冥温文尔雅，与开怀说笑的大千反差鲜明，他不动声色地坐在椅子上。宋泊研好墨便凑到邱先生身旁小声地说他发现了

蒋先生开笔从眼睛画起，与一般画者相异的秘密。兆和听后笑道：

> 写生要先抓住人的精神，可从眼睛入手，但切勿胸中无稿，把握全局才能做到。

四人爽快地大笑起来，而后，大千补柳，石冥添花，宋泊看这"三人行"不知哪位为师呢？就在谈笑风生之时，兄弟们取长补短，画出了杰作《小家碧玉》。

兆和看到的多是小家碧玉，他不知道还有许多听说了他，但没有来看画展的人。这其中还真的就有大家闺秀呢！距兆和画室十几里路以外的兵马司胡同有一大宅门，是北平"四大名医"之首萧龙友的医寓。老北平的人大概没有不知道萧龙友、孔伯华、施今墨、汪逢春这四大名医的。萧龙友是生于1870年的晚清拔贡，也就是从地方被选拔进京做大官的名士，做过北洋政府时财政、农商两部的高官。他与兆和的大伯父蒋茂璧一样，看透了官

百年巨匠
Century
Masters
蒋兆和
Jiang,
Zhaohe

场黑暗，在 1928 年就弃官，自称"息翁"。此后便矢志岐黄，与孔伯华共同创办了北平国医学院。他多年精研易学医道，诗书画无所不能，在北平是大名鼎鼎的收藏家、诗人、社会活动家。而萧老的第五个爱女萧琼，生于 1916 年，是清末皇族大书画家溥心畬的入室弟子，还师承齐白石、张大千和王雪涛，曾是国立北平艺术专科学校的"学霸"，也是京西赫赫有名的美女。萧琼善书画才是萧老最感欣慰之事。萧琼的三伯伯也喜书画，只要报上有画展的告示，他肯定是最跟进的观众。三伯伯看了兆和的画展，回到萧家就大加夸耀，萧五小姐听到入迷，便饶有兴趣地寻来报纸，关注起这个现代人物画家蒋兆和了。她从报纸上的热议中看到蒋兆和被形容成风度翩翩的大画家。其实，兆和哪里敢当大画家！不过，兆和的这次个人画展确实一显锋芒，就像一石投掷在北海平静的水面上，引起了一片涟漪。但他自知身为草民，画的也是草民，他由衷地感到：

> 知我者不多，爱我者尤少，识吾画者皆天下之穷人，唯我所同情者，乃道旁之饿殍……

奔赴战场

7月，四九城的城墙上，荒草里蛐蛐在不时地叫。藏在大槐树上的知了鸣个不停。北平的百姓们摇着芭蕉扇在月下悠闲地乘着凉……不知从哪个院子还传出了留声机里《贵妃醉酒》的唱段……夜深了，在大栅栏昏黄的几盏路灯周围，一群蚊虫惊慌不定地飞着……

突然，全城的人都被惊醒了！

7月7日夜里，卢沟桥事变突然爆发。

此后，时局一天比一天严酷，7月29日天津沦陷，炮火轰天震地，数十万难民无家可归。

8月8日北平完全失守，日军到处搜捕反抗人士，仅一个多月，北平人就再也找不到平静之地了，所有人的生活都被这场大灾变扭曲了，"四九城"变为囚笼，北平百姓成了亡国奴。

在东北九一八事变后，国民政府迅速地将北平故宫的国宝运送到华南腹地。陆续组织行政机关、官办的企业和大专院校大撤退。七七事变后，后续南撤的人们与东北逃到河北的流民们汇成了一股难民潮，拥挤在平津铁路上混乱一团。没过多久，日本当局就封锁了北平通向华南的交通。兆和也想离开，他不能像官方单位里的职员那样有组织地南下，即便可走也一时筹措不出已暴涨的路费，孑然一身的他能向何处呢？

大街上到处是逃亡的难民，富人们都没有了着落，更不要说穷人。兆和的画室里招不来学生，也没有找上门来求画像的了，本想在中山公园再办画展的心思也没了，命运又把他推到了绝境。

民国二十七年（1938年）初，邱石冥帮了兆和一个忙，请兆和到他创建多年的北平私立京华美术专科学校里任客座教授。可是，战乱中招不上学生，学校资金断流难以为继，兆和的教授之名如同虚设。

这时，雕塑家王之英找到邱石冥，他说京华美专既然办不下去了，还不如与官办的北平艺术专科学校合作办学。这王之英又是谁呢？他可是经历颇丰之人。早在20世纪20年代，中共报人邵飘萍就介绍他入了党。邵飘萍被捕后王之英与党组织失联便去了日本学雕塑。回国后带着日本老婆在艺专里教书。到五六十年代他先后在北京大学、清华大学、内蒙古师范大学执教。还参与了中华人民共和国国徽和人民英雄纪念碑造型的设计与审稿，参加了人民大会堂的装饰工作。可就在七七事变前后艺专南撤时，王之英却被校方安排在"艺专"的保管处留守，结果，北平一沦陷，他想撤也撤不了。后来，"艺专"校舍被日本兵强占。北平的教育总署在留过日的人员中选择学校的负责人，王之英便是其中的一个，成了没有立足之地的"艺专"之长。他四处寻址重建，还要凑够师资。当他得知京华美专实在办不下去了，就请邱石冥做了"艺专"的教务主任，又从原京华美专引来周怀民、刘凌沧、卫天霖、寿石工、张振仕等凑了一百多名画家和音乐家来任教。邱石冥就在这样的情况下向王校长推荐了蒋兆和。可是，在20世纪30年代选择师资也要一看学历，二看资历，三看名头，兆和在北平虽说有了些名堂，可他画的都是穷苦百姓，在当时的人看来，与传统的山水、花鸟画相比不入流。邱石冥一再与王校长说兆和虽然入职条件不够，但也是个人才，生活确实窘迫，可否放宽条件？王校长一时拿不定主意，此事便搁置下来暂且不说。

兆和没有了生活费用，靠吃"事变"前积攒下来的老本勉强度日。在日本人统治下的北平，兆和还能画些什么呢？自从日军占领了平津，他们天天都在强化治安，在所有的单位里安插监视中国人的眼线，对市民实行编号登记制度，随时检查所谓的良民证。在炮局胡同等地设置抓捕抗日人士的机关，被当时的北平人称作"阎王殿"。齐老先生的爱徒、兆和的朋友李苦禅也被认作私通共产党抓了进去惨遭酷刑折磨。城郭内外血雨腥风，可谓是"莽莽神州叹陆沉"。

就在这时，一条硬汉出现在了兆和的面前！

三伏里的一天，雷雨交加，闪电中，一个血气方刚的小青年，他风风火火破门而入……

这小伙不是陌生人，正是热心筹办兆和画展的那个中学生李文。李文曾参加过一二·九爱国运动。事变时他参加了北平学生卢沟桥战地服务团，认识了中共地下党的组织，他决意要跟随他们通过秘密险道，奔赴抗战前线。李文临行前匆匆告别父母后就急忙来到画室与兆和道别。李文在83岁时还在回忆录中写道："宪兵骂我们是赤色分子，真是逼上梁山。离开北平前，最想见，要告别的一个人就是蒋先生。我告诉他'我要走了'。我说：'如果将来我在战场上还能生还，我们再见面。如果不能相见，说明我尽了一个中国人的责任。'"兆和注视着这个即将奔向战场的李文，振聋发聩的话语"一个中国人的责任"，让兆和想起了一段在战场上的往事！

那是在民国二十一年（1932 年），兆和正在上海艺术专科学校教授人体素描的时候。那时的大上海夜上海，就像魔女霓虹，歌舞升平在醉梦中。醉梦中有谁能知道在朦胧的夜里会发生什么？日军为了扑灭中国人抗议建立"满洲国"的怒火，就与清朝复辟分子在暗地里勾结，蓄谋策划了"杀日僧"事件，嫁祸在上海民企三友实业社毛巾厂的工人身上，在厂区打砸烧杀。驻沪日军又组织日本侨民示威，呼吁日军要集结东海。日军就借事端发动了对上海的闪电战。1 月 28 日午夜，日本陆战队向中国守沪的十九路军进攻，调动军舰和战机，偷袭闸北，攻打了火车站。那一夜日军狂轰滥炸、火光冲天，棚户区的很多平民在睡梦中没了性命。十九路军虽然与日军的实力相差悬殊，但在总指挥蒋光鼐、军长蔡廷锴的率领下毫不示弱、奋起还击。

从晚清到民国，上海人还从未经历过这样的战争，他们没有见过轰炸机，更未听到过炸弹爆炸的响声。人们从突来的战祸中惊醒，各界人士不分贫富，有钱的出钱，有力的出力，为支援抗日将士，中国棉厂的工人们日夜为战士们生产棉服。邮务工会紧张地为十九路军传送情报。几乎所有的人力车、大货车都被派上了用场。民众们组织救国会、义勇军、敢死队和中国红十字会的医疗队发起了救护、募捐、慰劳的总动员。

"风在吼，马在叫"，黄浦江愤然拍岸，此时的兆和，就如这狂涛中的一浪，他积极参加到十九路军组织的战时随军宣传队。这是他第一次在紧张、密集的军事活动中用炭笔去速写那些快速运动着的、为国而战的人们。兆和曾回忆说："那时，要赶紧画出宣传画，画出铁拳，画出端着枪的战士和疾呼的母亲，要尽快地贴在大街上。"

当中日两军对垒胶着难决胜负之时，十九路军急着要把将军的像印刷出来鼓舞士气。28 岁的兆和主动请缨，他随将军副官奔向硝烟弥漫的战场，走进了沪西南翔前线司令部的那间小屋。那小屋设在一个堆满麻袋土包的低洼地中，屋内只有一套小学生的桌椅和一部手摇电话机。

蔡军长拿着电话在大声地指挥战斗，外面的炮声使他不得不捂住另一只耳朵，紧皱眉头吃力地去听电话里的声音。军长不时地用余光看看兆和，向他招招手说："sorry，请坐！"兆和环视四周，空空荡荡，便用自己带来的马扎坐下了。兆和注视着军长，从他的一头短寸看到脸上、手上胀起的青筋和绷紧的肌肉，一直看到乌黑的军靴，看到的只有坚强！蔡军长虽然有广东口音，但语速极快，他的手指随音调猛击着桌子，身体也随着手势在不停地晃动，在冲冠而起的浓眉下，炯炯的目光就像横刀剑闪，兆和赶紧下笔，抓拍一样地捕捉军长这勇猛、机警的神态。电话铃总是在响，随时都在阻断画像的进程。兆和用前所未有的速度挥动着画笔。他随副官从霞飞路到前线来回五十里，用了三天时间，断断续续地完成了油画《蔡廷锴将军》。

紧接着，又在另一处指挥所里，兆和自感荣光地为一名同姓的将军画像。兆和知道这位比他年长十四岁的蒋光鼐将军也出自书香世家。看他一身戎装尽显大将风度，却不失文人气质。兆和从他那双神采飞扬、透着精干的大眼睛里，突然察觉到了一个明显的特征，似乎感觉到蒋将军的眼睛怎么与自家人有着相似的模样呢？越看越像，这不会是错觉吧？的确，蒋将军不仅长得形肖自家人，就连他的后人也与兆和有着某些关联。

蒋光鼐的长女蒋定闽曾在南京中央大学美术系就读，也可以说是徐悲鸿的学生。她在晚年时曾说："抗战时，最担心的是画家

百年巨匠
Century
Masters
蒋兆和
Jiang
Zhaohe

《蔡廷锴将军》（油画）

蒋兆和在战场上为父亲画的那幅让上海人民都非常熟悉的油画，
这件珍贵的作品不能毁在日寇的手中。"她就设法秘密潜入被敌
人监视的家中，将放在屋顶隐蔽处的这幅油画取下来带走了，使
《蒋光鼐将军》的肖像得以幸存。蒋将军的次子蒋建国没有从军，
却在50年代毕业于中央美术学院。他说："对父亲年轻时的印象，
就是从这张画像中得来的。"在他七十多岁的时候，便与蒋兆和的
孩子们一起，把这幅画献给了国家。而今，这幅画像作为抗战珍
品，列为国家一级文物，收藏在了中国国家博物馆。

看来，兆和的感觉没有错，他抓住了蒋将军那双充满智慧的大眼睛这一形象着重刻画，画面上的这位文武双全、精干过人的将军，他肌骨方硬，中分短鬓，鼻翼下一道黑髭，方显出了在辛亥、北伐、抗战时的英姿。

这两幅将军肖像，都是宽二尺、高三尺，用的是法国进口的画布。色调深沉，笔触结实。虽然不像《一个铜子一碗茶》那样放松，看得出来，有仓促调试的色块，也有后来根据记忆的修饰，但依然能看出恩师悲鸿的画风。

《蒋光鼐将军》虽然幸运地收藏在中国国家博物馆里，却折纹遍布，留下了战争的伤痕。画上的朱红色题字还历历在目：

兆和一·二八沪变之后写于前方。

这两幅将军画像完成后，立刻就印刷了数万张，创造出当时上海宣传品销量第一的记录，并在社会上广为散发，沿街张贴。在当时的上海，蒋光鼐将军的油画像作为品牌印在了香烟盒上，不少市民争先购买，因为，那是抗日爱国的象征。斯诺在《西行漫记》中记述："延安的窑洞里也挂有蒋光鼐的画像。"两幅画像是当时的两面战旗，举在市民游行的队伍中，贴在前线的战地上。十九路军在战斗中举着画像宣誓："只有以我们爱国热血染成我们最后一片光荣的历史。只有把我们殉国精神葬在四万万未死的人们的心坎里，我们没有回顾，我们不管成败利钝，一刀一枪，死而后已！"

这两幅油画肖像的创作背景正是淞沪会战。中国军队以三万之师拒敌十万，喋血 33 天，迫日寇三易其帅四次增兵，在中国现代军事史上也是罕见的战绩。这一切触动了兆和的每一根神经，要说他是画家，是教授，然而，当他一旦奔向了抗日战场，

《蒋光鼐将军》（油画）

"百年救家"的决心在笔触中激荡，他的画就与国家的命运紧密相连了。

这段刻骨铭心的往事让兆和的目光集中在这个不到 20 岁的汉子身上，他要用艺术的力量与抗日战士一起战斗，他低声道："以前你做过我的模特，今天，我要送你一幅画，我给你画张像吧。"李文利索地脱掉被雨浸湿了的衬衫，骄傲地袒露出健壮的身躯。按照兆和的要求他昂头挺胸，紧握起拳头，李文的眼神里闪出了不屈的光芒。兆和几乎没有晕染，一道道粗犷的墨线如一把把锋刃的尖刀，不及三十分钟便一气呵成，一个威武的中国强人的形象挺立在画中，兆和不顾额头上的汗珠写下了：

将相本无种，男儿当自强。

李文沉稳地对兆和说："蒋先生，我走了。我这一走，生死两茫，画存在您这里，倘若我死了，这张画就留给您作个纪念吧。"

兆和的这幅《男儿当自强》，在上海、北平的刊物上发表了。

兆和望着画里的抗战男儿心潮翻涌，从这个奔赴战场打鬼子的男儿身上看到了希望。寂静的画室里，已是"心事浩茫连广宇，

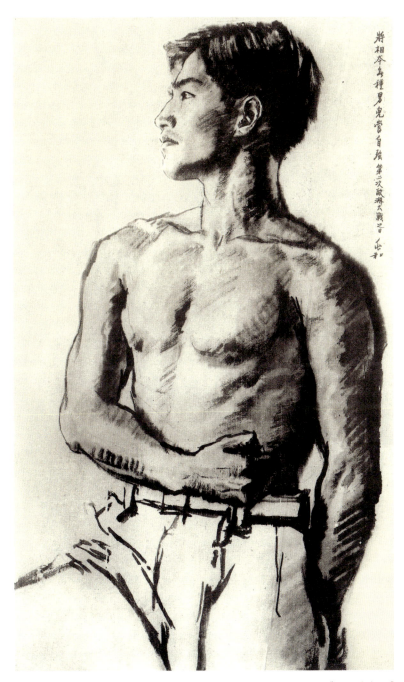

《男儿当自强》

蒋兆和自画像《余命属龙》（素描）

"于无声处听惊雷"，此时兆和对着镜子用炭笔也给自己画了一幅
素描像，他一反常态，冷峻彻骨，他拿起战笔疾书：

余命属龙，云则升天，水则如海，可以翻天覆地腾降自
如，于是吞吐大荒焉！

匹夫有责

1938 年 6 月的一天，一个戴着眼镜，面容十分俊俏的年轻男子前来造访，他正是 1936 年兆和举办师生画展时四位大加感慨者中的第三位，毕业于燕京大学新闻系的青年记者李进之。他一进门，就被画板上的自画像吸引住了，于是便信心十足地大说特说起来。"蒋先生，你听说过没有？有个美国人，中国通，是咱们燕京大学的校长，大名……"兆和没等他说完就把话接了过去："司徒雷登？""yes！就是他！"李进之说日方曾几次到燕京大学要查出写抗日标语的学生，司徒先生严正声明这是陷害，迫使日方作罢。李进之敬佩司徒先生保护学生的义举，想在燕大十八周年之际采访他，还想送上一件礼物！兆和当然心知肚明，便和李进之走进了燕京大学。

经过司徒雷登秘书的一番安排，兆和与李进之先去拜见了司徒先生。兆和明白见司徒雷登是为了给他画像，他超常地发挥了。而司徒先生也是第一次亲眼看到中国的毛笔与墨汁生发出的活力，他看到干湿相济的水墨能在刹那间变化出栩栩如生的人物

《记者李进之像》

百年巨匠
蒋兆和
Century
Masters
Jiang
Zhaohe

《亭林先生像》（白描）

而感到惊奇。

　　这位把多难的中国当成第二故乡的人，他自称在报纸上见过蒋先生的作品，对兆和画像的功夫颇为钦佩，对兆和作品中的难民也深表同情。在他的倡议下，兆和在校园里举办了小规模的非正式画展，在燕大师生当中作了"什么是艺术"的专题演讲。

　　专题会开始前，全校师生站在操场上，很有仪式感地高唱校歌。兆和站在最前面，当他听到师生们唱起"良师益友如琢如磨……"的时候，悲鸿先生和蔼地笑容又浮现在了眼前。当师生们高唱"为国效尽忠"响彻燕园之时，四个大字"百年救家"又闪现在脑际。

　　兆和走上讲台，就像站在仅存的一座尚可自由呼吸的孤岛上，他用绘画的语言自由地敞开了自己的世界。兆和面对燕园外被殖民化的北平演讲道：

　　　　在国家太平的时候，人民都安居乐业，过着快乐的生活……然而这些情景现在都已经过去了……农村破产，民不聊生，老弱贫病，孤苦无依，这许多现实的情景给予我们是怎样的一种情感呢？

面对燕园外残酷的现实，他接着说：

　　　　我因为从这个时代的洪流，冲进了人们心房中的苦痛，让我感觉到人生的悲哀，又让我兴奋到这个时代的伟大，一

　　切的一切，使我不能忽视这个时代的造就，更不能抛弃时代

　　给予大众的创伤……

　　大众的创伤，使燕京大学的师生们深感其痛。兆和在燕大举办的茶话会上，认识了一批知名教授，他们与兆和不约而同地说起明末清初时被敬称为"亭林先生"的爱国文人顾炎武。大家围绕着亭林先生的名言"天下兴亡，匹夫有责"热议起来。在兆和走出燕园后的几天里，他一直沉浸其中，郑重地画出了平生第一幅历史人物的肖像《亭林先生》。只画现实人物的兆和为古人造像，其用心可想而知了，而且是一幅"铁线"遒劲的传统白描，可见满纸正气，一表高风亮节。

　　走访燕京大学之后，那个编辑李进之便跟着兆和当起了"随行记者"。这位李记者阔论起东西方的绘画也是滔滔不绝。他把燕京大学师生们对兆和画展的评说汇总，以"李二"为笔名在1938 年 的《沙漠画报》上发表评述文章《艺人传·蒋兆和》，他在文中直言道：

　　　　蒋氏愿将中国
　　　　的困苦同胞，一一
　　　　活跃纸上，使人明
　　　　白中国大部分的现
　　　　实是个什么样子。
　　　　宋朝郑介夫见流
　　　　民羸瘠愁苦……
　　　　而绘了一幅流民

李进之（李二）的评论文章

图……蒋氏每开展览会时，观众对于每张画的背景，都很感动，那他的画的价值，还待我说吗？若说蒋兆和是现代的郑侠，这话并非过誉。

李进之的比喻与兆和的思路碰到了一起，他们看到笼罩在中国的一大背景，正是侵略战争造成的千百万流离失所的难民问题！这大不幸就是一部活生生的"流民图"！

夏天的画室里没有风扇，闷得要窒息。一天，兆和茫然地走在街上。当走到前门东南侧的火车站附近，忽见一个身穿长袍的中年男子让兆和心中一震。看他的样子很奇怪，已经是民国二十七年（1938年）了，他的脑袋上怎么还拖着一条辫子呢？这"辫子哥"去了当铺，当他出来时，就变成了短衫布裤。兆和觉得此人好生眼熟，像是在哪见过？不错，在鲁迅的书里见过。兆和在上海时曾临听过鲁迅先生的演说。他经常反复拜读鲁迅的书，最能吸引他的莫过于小说《狂人日记》《孔乙己》与《阿Q正传》。兆和很想把阿Q画出来，很遗憾，鲁迅辞世四年后，他还是没有构想出阿Q的样子。兆和觉得这"辫子哥"太像心中的那个"阿Q"了！就赶忙迎上去说："我是个画画的，到我家去坐会吧，你缺钱用哈？我画了你就给你两块钱。"两块钱？能买两袋混合面啦！"辫子哥"惊疑不解地跟着兆和去了画室。两人喝了点酒，一边聊一边画，攀谈中才知道，"辫子哥"是香山附近的农民，祖上也是镶蓝旗里的贵人呢。后来家产破落，睡在破庙，为人打杂糊口。30岁时忽然转运，他碰上一个到乡下游玩的英国人，雇他去做个"二等西崽"，伺候这西洋人七八年，存下一点钱，娶媳妇生下六个娃。自从日本人占了北平城，这个英国人吓跑了，这一家子也就没了饭碗。说到这时，他的每一根血管都膨胀起来，握紧了拳

《与阿Q像》

头。兆和注意到他下意识地用另一只手托住颤抖着的拳头，忽然间，又得意地放声大笑起来……看着他自嘲的样子，兆和的心都碎了。

兆和的心，碎在了他的作品里，与"辫子哥"聊天，聊出一幅《与阿Q像》。但这个现实中"哀其不幸，怒其不争"的"阿Q"与鲁迅印象中的阿桂和小说里的那个"阿Q"还是有着太大的不同。兆和笔下的"阿Q"是列强争战、瓜分中国的牺牲品。也是困在沦陷区敢怒不敢言者的缩影。后来，兆和在《中国文艺》上发表文章《阿桂与阿Q》，就创作思路问题与周作人展开了辩论。

此时已是寒冬，街上的报童在不停地喊："号外！号外！12月13日，国军失守！日军攻占南京！"听到这令国人难以置信的消息，比失去亲人还要难受！市民们私下里议论，更多的人沉痛到无语。

北平，在日本当局粉饰"亲善"的迷雾中，蛊惑人心的"复兴"舆论渗透在电影、音乐、文章与绘画之中。在这样的厄境里，兆和冷静面对，他说：

> 一枝颓笔描写我心灵中一点感慨；不管它是怎样，事实
> 与环境均能告诉我些真实的情感，则喜，则悲，听其自然，观
> 其形色，体其衷曲，从不掩饰！

民族危亡，江山之殇，34岁的兆和决意要把侵略者践踏的魂灵"从不掩饰"地记录在画作里。

当兆和看到一个穿着破棉袄、背着破筐的老婆娘夹在逃难的人群中，要把手里仅存的两盒被北平人叫作"取灯"的洋火柴换一件旧衣裳的时候，兆和把家里能给的东西全给了她，她那一身凄苦，便留在作品《换取灯》中。

百年巨匠
Century
Masters
蒋兆和
Jiang
Zhaohe

一个苦闷的男人，也许是从关外靠着卖胡琴流亡到了北平。他逃出虎口又落入火坑，神不守舍地拉着弓弦，兆和听到二胡低吟的曲调，心中想起了撕心裂肺的《流亡曲》："泣别了白山黑水，走遍了黄河长江。流浪、逃亡，逃亡、流浪。流浪到哪年？逃亡到何方？"兆和在《卖胡琴》这幅画里悲泣道：

此丝此竹，聊果吾腹。

北平人已是亡国奴，寸断

《卖胡琴》

肝肠，再也没有了以往的那种洒脱。兆和与北平的百姓们没钱买价格高昂的大米，就只能经常吃夹杂着沙子、糠皮、石沫、炉灰的难以下咽的混合面。街上有不少日本移民在宣传"新民"运动，他们大讲"共建乐土"，却强占了北平人的生活资源为战争服务，造成每年因饥饿而亡的平民竟达三百多人。家家户户还要被盘查有没有反日倾向的书报与绘画。在这乌烟瘴气的日子里，兆和看到一个挂着木杖，紧闭的双眼深陷在眉骨里的人，他跌跌撞撞地走进兆和的画里，兆和在这幅《盲人》的作品里直言道：

莫当我无目，但凭这枝竹；人间黑暗地，有目岂吾如？

世上所有的战祸，受伤害最深的是每一个家庭。兆和在逃难的人群中看到，很多是女人没了丈夫，走散了？炸死了？还是被抓了？他画了一幅《街头叫苦》，女人抱着不得襁褓的幼子，小嘴

《盲人》

喂在干瘪的胸乳上，旁边还揪着一个没有衣服穿的男童，他们望着同命相怜的人们，麻木地等待着油尽灯熄的那一天。兆和在画里说出了这女人不愿说出的话：

街头叫苦为两郎，谁家伯伯可怜他。莫怨吾夫无力养，只恨奴家命不强。

中国有多少这样老实善良的百姓，只怨自己命不强，惨遭日寇的凌辱，还要蒙受天灾的打击。

民国二十八年（1939年）的河北大水灾，史称"百年不遇"。永定河、北运河、龙凤河连成汪洋，水势冲到天津，杨柳青变为一片泽国。活下来的农民往北平跑，甚至有难民啼饥号寒卖儿鬻女，兆和面对这一惨景画了很多速写，回到画室，他"即实寓虚，遗貌取神"，用干涩的墨线画出了母子诀别相视的那一瞬，酸楚的泪在《卖子图》里倾泣了无尽的哀愁：

生汝如雏凤，年荒值几钱？此行须珍重，不比阿娘边。

兆和看到这些在沦陷区里挣扎的最卑微的弱者，他拿起笔大略地勾出一个老妇倚在门边挂念儿郎的画稿，然而，他没有画下去，兆和想起了李文，那天的雷声，雨声，风声，声声动魄，有多少好儿女不顾生死奋起从戎，感动中，兆和把和平的希望寄托在了抗日战士的身上，他以"无题"的方式画出了一组抗战题材的

《卖子图》

百年巨匠

Century
Masters

蒋兆和
Jiang
Zhaohe

《街头叫苦》

作品。

一名国军伤兵拄着拐杖，他满怀一腔愤恨艰难地走进兆和的画里……

一个昂着头被反绑的赤身囚徒，他与奔赴前线的李文一样，那不屈的神情力透在兆和的画里……

一幅《织毛衣》，画出了无数抗战将士家属的心声。画里的少女为去抗战的丈夫送上了她的思念：

> 织毛衣万千针，密密织就情更深。问君知否秋已临，西
> 风吹动侬的心。

这幅作品表面看"温情蜜意"，准确地说是深表密意。画中题词的最后一句本是"西风催我送征衣"，兆和考虑身处险境，不得已改成了"西风吹动侬的心"。尽管如此，这幅画仍与香港公映的抗战故事片《孤岛天堂》中的插曲《何日君再来》有着极为相似的意义。此曲唱出了影片中热血青年在奔赴抗日战场前夕与朋友离愁别绪的情感，民众们渴望中国军队驱除日寇，纷纷传唱以抒心声。兆和身在敌占区用画笔谱写出了对未来之中国由衷的期盼。

秋风把一层层树叶无情地撕扯在地，兆和的生活开销也几乎用尽了。学生宋泊在学校里借来一些钱，兆和哪肯花学生的钱呢？他很难为情地向小宋流露出要退掉这庭院的打算，就在这"山重水复"之时，"贵人"邱石冥来了，他告诉兆和北平艺术专科学校校长王之英总算同意了他的建议，但只是安排兆和去艺专做个兼任教员，到图案系教素描，一星期的课时两个钟点，这份临时的补给可算是旱地里的及时雨了。

兆和回到了似曾相识的学园，很幸运地又遇上一个能帮他的年轻人。宋泊带来一个刚考入艺专的山东学生郭明桥，他也是缺

百年巨匠

Century
Masters

蒋兆和
Jiang
Zhaohe

《织毛衣》

《无题（囚徒）》

《无题（伤兵）》

钱租房的，兆和就让他住进画室北屋的套间里。这郭明桥与宋泊正相反，他黑黝黝的，敦实开朗爱说爱笑，兆和也把他收为入室弟子，小郭也就成了画室里第二个得力的助手。

一天，小郭下课回来时，带来三个要饭的男孩，听他们的口音不是本地人。小郭说这三个男孩虽然命苦却有趣，要饭的时候可怜巴巴的，要到了扭头就跑。兆和看这几个脸上脏兮兮的小乞丐就画了起来。大的有十一二岁，画时还算老实，最小的只有五岁，身子摆来摆去一秒钟也待不住。画完他们，三个孩子拿着钱满足地鞠个大躬，一蹦一跳地走了。

兆和看着画里的孩子有说不出的滋味。画里这三个无家的流浪儿陪伴着画室里三个未成家的师徒，度过了 1939 年的中秋。

可是，流浪的孩子真的走了。小郭在街上听说那个最小的孩子吃了人家扔下的混合面馒头死了，"死了？！"兆和愣住了，他颤抖着提起笔写道：

说什么心肝与宝贝，流浪的小子不值钱。

北平这座被日本人自称的"新民"之地，愈发的透不过气了。兆和烦乱地看着画板上的画，画里的小伙怜悯地看着失去自由的小鸟……兆和何尝不想自由？窗外是一队队宪兵，到处都是警察。他擦了擦心爱的竹箫，吹起了伤感的《流亡曲》："我们的祖国已整个在动荡，我们已无处流浪，也无处逃亡。哪里是我们的家乡？哪里有我们的爹娘？百万荣华，一霎化为灰烬；无限欢笑，转眼变成凄凉。"

然而，这流亡之音就像魔咒幽荡在中国的大地上……仅一年，日本飞机就出动了一万四千多架次疯狂地扑向重庆、成都等地，竟投下六万多枚炸弹，造成两万多人死亡，三万多人受伤，

百年巨匠
Century
Masters
蒋兆和
Jiang
Zhaohe

《流浪的小子》

一万三千栋房屋被摧毁，二十万人无家可归！兆和万般惦念家乡的亲人，写信给家里但没有回音。也许是心灵感应，他惶惑不安地研着墨，在灰暗的豆纸上画出了一幅《轰炸之后》。画面里一个瘫坐在地上的母亲，在被炸死的女儿身旁抽泣。母亲身上那乌黑

1940 年《战后余生 —— 轰炸之后》

的墨色与身后惨白的尸体在黑白之间、生死两界强烈地撞击着。

　　兆和在这幅没有题识的画里，毫不掩饰地记录日寇的轰炸给中国人带来的不幸，但他万万没有想到，这不幸就降临在了家人的身上。"烽火连三月，家书抵万金！"二妹妹万琦突然来信了，信中说妹妹的丈夫蔡继达已去抗日前线。妹妹在南昌要挣钱糊口，把两个儿子送到湖北蕲春婆婆家抚养。谁知，武汉失守，蕲春沦陷，信中说："一百架飞机轰炸南昌，我们躲在地下室一夜都在惊恐中……"而后，南昌失守了，妹妹带着孩子和婆婆又逃难到江西赣州。不料江西也遭践踏！兆和到处打听赣州的情况，得来的传闻还是轰炸，妹妹怎样了？毫无消息。兆和没有办法去救妹妹，只能把万般惦念寄语在《老父操琴》这幅画中：

　　低眉流盼引清歌，老夫操琴岂奈何。

　　岂奈何？京胡嘶声，万箭钻心，卖唱女愁容一曲，"凄凄惨惨戚戚"……

　　年关了，大雪纷飞，北平却听不到倾城鞭鸣。这年头谁还有心情过年呢？兆和就把自己

《老父操琴》

100

的心绪寄予在他的
贺岁画上了。他叫
小宋去艺专请来女
同学，小郭挺机灵，
心领神会地从富人
家借来一身红色旗
袍让女同学换上了。
画板上，一个寸阴若
岁、目盼心思的女孩
向诸位《拜新年》。
兆和拿起毛笔想写
些祝福的话，可这毛
笔实在是难以拖动，
《流亡曲》总缠绕在
耳边："说什么你的、
我的，分什么穷的、
富的？敌人杀来，炮
毁枪伤，到头来都是
一个样！"兆和的画
里浸透的全是北平
人隐忍的苦语：

《拜新年》

过了一年又一年，
重重心事不能言。
向君拜拜祝努力，
你我光明有一天。

涌起汹涛

Century
Masters
百年巨匠
蒋兆和
Jiang
Zhaohe

记者李进之没事就到画室里来看看兆和画了什么新作。他把兆和在事变后的作品都看成是现实版的"流民图"了，兆和与他的思路相同。不过，李记者出于他的职业习惯，更热衷的还是出版、印刷、在媒体上曝光。他的关注点使兆和冲动起来，心想，在北平没有钱再办展览，倒不如出版画册，不就可以让更多的人看到他的作品了吗？一天，在悲鸿先生演讲过"现实主义"的北平基督教青年会的餐厅里，兆和请李记者喝茶，要与他说说印画册的计划。李进之听罢反皱起眉头变得异常紧张，他担心兆和画的难民与当局宣传的"乐土"不合拍，他说日本人现在查得很紧，坚称这画里的内容不会让出版的。一向口无遮拦的李进之看着兆和的作品照片面带忧虑，两个人就像下着一盘拖入僵局的棋，抽着烟很长时间没有说话，看样子要从长计议了。当他俩起身正要走时，忽然，进之的手响亮地拍在了桌子上说道："兆和，我去找司徒雷登想想办法，如果有了他的帮忙，他们也不敢把你的画怎么样！"第二天，李进之就拿着作品的照片去找司徒雷登的秘书傅泾波了。

有了李记者的支持，兆和难以抑制心中的热望，画册该怎么出？他想找更多的人出主意。兆和最信任的人，当属最为年长的齐白石。他这次去请教，便带着几卷作品登门了。齐老看到兆和的作品件件称好，当他看见《卖子图》时，老人家的胡须抖动起来，他拿起毛笔，在信札上一笔一画地写：

妙手丹青老，工夫自有神。

卖儿三尺画，压倒偕山人。

可此时的兆和并非是来求夸奖的，他希望老前辈能出出点子，白石老人只是连连地说："出画册好嘛！要得！要得！"

司徒雷登认真地看了兆和的作品照片，回想起那天画像时的情景，看来很激动。他很快地就为画册写了一篇序言，其中写道："蒋兆和先生的绘画的特殊意义乃在于其社会目的 …… 他不为达官贵人写像，而选择微贱和不幸者作为典型。从而深刻地揭示出他们的悲哀和可贵的坚毅 ……"画室里，李进之一句一句地为兆和翻译，手里有了这序言，他心里也有了底。

要说兆和痴在绘画，碰到要花钱的运作可能就没了办法，不过，他也有急中生智的时候。兆和在上海的商场里真是没有白干，他想起了那些生意人借鸡下蛋的智慧，想起商务印书馆的"交际博士"黄静顽说过印书馆经常靠读者的预定来印制图书。于是，"预定"这个不俗的理念便被李记者确认是个好办法了。可是，商务印书馆的预定，也都是在政府的出版机关登记，批准后才能实施的。李记者心想，虽

齐白石为《蒋兆和画册》题词

百年巨匠
蒋兆和
Century
Masters
Jiang
Zhaohe

然有了司徒雷登作序这尚方宝剑，倘若官方管这事的就是不批准又当如何呢？他跟兆和商量，既然预定就彻底私了，私下买卖，不上市为善。兆和觉得可行，于是，两人说干就干，李记者去找印刷厂，再去找他熟悉的报纸做做宣传。李记者找到一本宣传北平民俗文化很有名气的《立言画刊》，发表了兆和的作品，还请他们代办订购业务。兆和用上了他在上海搞装潢时的本领亲自设计，西式硬板深灰色布面包装，用纸是地道的宣纸，珂罗版印制，即便是现在，也不能算落伍的装潢。

民国二十九年（1940年）春寒料峭，年近36岁的兆和出版的三百本画册印制完毕，不声不响地在北平传开了。如今，这画册在中国国家图书馆里也仅存一本，成了善本书。

兆和为这本画册可真是费尽了心思。能不能逃过日本人的监察，他倒是没有像李记者那么敏感，反而把精力全放在对画册的

《蒋兆和画册》第一集

编排之上了，兆和选出41幅作品，哪一幅放在最前面作为画册的主打作品呢？起初，他认为《卖小吃的老人》是最得意之作，可又意识到，在严酷的北平为了画册的安全，就将司徒雷登像调到了最前面。兆和经过一番思考觉得不妥，七七事变后，作品的大部分内容都是与逃亡和北平人的不幸为主题的。于是，他果断地把后来创作的《拜新年》排在了首位，《自画像》次

之，其后是《司徒雷登》。《拜新年》里那个姑娘表达出了沦陷区民众的心境，兆和让她为这本画册开篇立意。

李记者作为兆和出版画册最直接的参与者，也就成为兆和最直接的代言人。这位贤弟又发表文章再一次向公众示意说：

> 最近蒋氏又将有画集出版⋯⋯我以为要多有些"郑侠的流民图"⋯⋯

就在这一年，北平基督教青年会的朋友们把兆和作品的照片带到了大洋彼岸的美国。兆和的作品《卖小吃的老人》《与阿Q像》《车夫》等作品在《亚细亚》杂志上整版刊出了。从1938年开始，美国援华会和华侨团体每年举办"一碗饭运动"，控诉日军残暴、难民流亡、中国抗战进展的宣传和募捐活动。当《朱门酒肉臭》的印刷品传到大洋彼岸，被刊登在救助亚洲灾难的号召书上，作为宣传画走进了美国的家庭。美国的作家、艺术家、教育家联合发起运动，号召全美国的学生为遭受战争灾难的亚洲儿童捐款。美国纽约钞票公司还把这幅作品作为圣诞卡引起各界反响，意在关注发生在中国的不幸。与此同时，兆和的画册也感动了北平艺术界的同行们。老舍最铁的朋友，作家舒又谦为《蒋兆和画集》写了评论《读蒋兆和画记》，他说："我在宁寂的夜里，静静地读着，一幅一幅地翻过，来回翻了无数遍⋯⋯我不禁泪下如雨，竟自放声大哭起来。""许多的画，有苍老的气韵，细腻的笔意，轻盈的色调，准确的线条，合适的光影，什么艺术条件都具备了。这能说不是艺术品吗？是的，不过，蒋先生的画，多了一样，就是真实的情感。我称之为'艺术与生命交流'之画。"

兆和的画册亦如一声闷雷鸣响在平民大众当中，《中国文艺》一篇随笔这样写道："蒋先生的一幅作品：一个将饿殍的姑娘躺

百年巨匠
Century
Masters
蒋兆和
Jiang
Zhaohe

在母亲的怀里，正在奄奄一息的待毙着，工友看了这画都道一个'惨！'字……"

兆和的画册牵动了工友们的心，也牵动着胡同里的人们。兵马司胡同的萧家大院里，萧琼整日在苦闷地翻阅报纸，就算道听途说也想得到一丝有关国军胜利的消息，而兆和的画册也是萧琼关注的焦点。一天，萧琼终于收到了 5 元钱订购的《蒋兆和画集》，她高兴得难以言表，兴奋地翻看起来："这画册的开本好大！还是燕京大学的容庚先生题写的书名呢！你们看，这是司徒雷登写的序，还有邱石冥先生做的序……"萧琼说着说着就被兆和自序中的一段话吸引住了：

人之不幸者，灾黎遍野，亡命流离……岂知人间之有天堂与幸福之可求哉？但不知我们为艺术而艺术的同志们，又将作何以感？作何所求？

萧琼指着画跟妹妹说："你看，蒋先生画的人物像活的一样，就像我们身边的人！我在艺术专科学校学画山水，老爷子收藏了好几箱历代名画，我看的也不算少了，这样的人物画我从来也没有见过。"旁边的丫鬟不解地说："五小姐，不要看了，蒋先生的画看着就倒霉。"萧琼却说："先生的画是他心里想的，我的画只是临摹古人的情趣。山水清静，花草悠闲，而我的心还是一片苦闷！"

正像萧琼所说，当下的北平人心中是一片苦闷。漂亮姑娘为了避开日本兵的注意，出门要穿上黑衣蒙着头，萧琼也不例外。自称"息翁"的萧龙友为了避开乱世，已闭门停医。可就在一个星期天，萧龙友破例出了门，回来时却闷闷不乐。仆人刘二爷唠叨起来："要不是看在老朋友的面儿上，这趟天津就不该去！"见老爷子唉声叹气地进了里屋，刘二爷才说："唉！五小姐你是知道的，邻居登门不是说在天津的亲戚好几天发高烧吗？我就陪老爷子破例去出诊了，谁知，火车站的宪兵抓人，老爷子也被日本兵里外搜了身！竟被如此羞辱！"三伯伯看萧琼难过了安慰说："咱们就陪着老爷子一年年的熬吧。"萧琼看着画册喃喃地说："'事变'后，我和三妹也想像哥哥那样离开北平，到了天津不也是被日军挡了回来吗？您看，兆和画册上那个拜年的少女也在说呢，过了一年又一年……"

时间到了 4 月，萧琼拿着兆和的画册已经爱不释手了，心里便有了要重新学画的想法，也许是好奇，更多的是尊敬，她很想能面对面地与兆和聊聊画画的心得。再过一些日子就是兆和满 36 岁的生日了。一天，萧琼就跟三伯伯合计，能不能在兆和生日那天带她去他的画室呢？三伯伯还没回答，就听到门外的过廊里传来一阵脚步声，只见丫鬟拿着一份报纸跑过来大嚷道："五小姐，不好了！你看看报上的消息吧，4 月 7 日那一天，蒋先生在颐和园落水了！"萧琼夺过报纸还没看清，惋惜的泪水就夺眶而出了。待萧琼镇定下来才看明白报纸上的意思是说京城画家、作家、话剧演员在昆明湖荡舟说艺，四月鬼天兴风作浪，三人溺水毙命，画家蒋兆和与大摄影家蒋汉澄"双桨"幸存……北平人的日子已经很难熬了，怎么老天爷也这么无情？昆明湖怎么会有大浪翻船的怪事，连八九十岁的老人也从来没有听说过。这"颐和园事件"在北平传得神乎其神，兆和的名字也成了文化界里茶余饭后的话题，连胡同里的小朋友们跳皮筋儿时也传唱起这样的歌谣："豆汁酸送富人，豆纸爷爷画穷人。风来雨来小船翻，不死神笔在人间。"

兆和虽然落水得救了，却一连几天闷在画室里默默无语。小宋和小郭看着烧白了的烟灰垂落一地，不明白先生的情绪怎么会如此低落呢？小郭怪罪那个李记者，都是他硬要拽着先生和基督教青年会的那些搞艺术的文化人去散心。兆和说不怨李记者，他也想在朋友聚会时说说画流民的事。他伤心的是，丈余水浪袭来覆舟，自己水性很好却未能拉住溺水的朋友。想到知音舒又谦刚刚为自己的画册撰写了文章，却瞬间就阴阳两隔，兆和心如刀绞，他默默地写出了一篇水难追记。兆和到晚年时还提起颐和园的风波，凑巧的是，一位在20世纪70年代末成为兆和无话不谈的挚友，北京市第二医院院长高崇基大夫，就是当年跳进湖中救他的勇士之一。

时至6月底，发表在基督教青年会内刊上的水难追记《三溺士与四共生》放在枕头旁，兆和靠在枕边望着钉在画板上的一幅画，一支接着一支地抽着烟，他又感慨了，活下来的人还要面对眼前的痛苦，"挣扎地活着比决绝的死去，需要更大的勇气"……

画板上的形象又把他带回到半月前那个赤日炎炎的端午。

那一天，北平的新民会就像过节，为纪念事变三周年，在中央公园举办万人观看的兴亚音乐会。毒日头烘烤在胡同里弯弯曲曲的土路上，整个皇城就像久旱干裂的河床。兆和茫然地走出家门，迎面见到一个约莫十四五岁的少年。他挑着一副担子，担子的一头是个大茶壶，另一头的筐里装的是几个大茶碗。兆和看他汗流浃背气喘吁吁的样子，就像看到了他自己。少年问："先生，喝碗茶吗？"兆和说："到我家里来吧，我家还有几个先生想喝茶呢，我会多多地付给你茶水钱哈。"这少年挑起担子跟着兆和进了画室。学生宋泊与郭明桥喝完了茶就忙着当起了兆和的"副导演"，让少年挑着担子往前走。兆和却让这孩子看着远方，没有让他迈开步子，这神态很快地就被定格在画里，他随意地在少年身边画

甘露何时降小子卖苦茶世华瑞祈画和

《小子卖苦茶》

百年巨匠

蒋兆和

Century
Masters

Jiang
Zhaohe

到南方采风画流民时的蒋兆和

了一条吐着舌头散热的大黄狗，弟子俩这才看明白了，这大黄狗点明了是在火热中，火热中煎熬的挑担人举步维艰！

兆和看着画里的少年望眼欲穿的目光，拿起笔写出了：

甘露何时降，

小子卖苦茶。

这苦茶里浸泡着多少"大众的创伤"？上海闸北被轰炸；老家四川被轰炸；赣州被轰炸；过了一年又一年，妹妹在哪里呢？一张张小幅画作说不完无尽的苦难，李进之多次提到的"流民图"，一个悲惨世界涌起的汹涛已在兆和的心里浮现！

中国在抗日民族统一战线的旗帜下坚决持久抗战。日本侵华战争使生灵涂炭，造成了千百万战争难民。亲日的政治势力打着「和平复兴」的幌子愚弄沦陷区民众。蒋兆和就是在这样的背景之下，在敌占区亲日的语境里，在严酷的文化管控下，以极大的勇气，与日伪当局几经周旋博弈，用绘画投入到中国人民的抗战洪流之中，创作出多幅揭露侵略战争罪恶的作品，最终创作并展出了描绘无数流民与沦陷区民众深受苦难的巨作《流民图》。这一时期是蒋兆和艺术生涯中最具代表性的重要阶段。

难胞镜像

百年巨匠
Century
Masters
蒋兆和
Jiang
Zhaohe

突如其来的"颐和园事件"，让更多的人知道了蒋兆和。记者们也追着报道已出了大名的画家蒋兆和落水后的近况。报纸上说："在去年四月中险些永眠昆明湖下的蒋兆和先生，时光到了现在，许多人一定要特别怀念起往事，而渴盼着知道一些关于他的生活的情况吧？"记者向读者报道了兆和安好的近况。还报道了记者问及兆和的个性与经历，勾起兆和说了不少曾在上海落魄失意时不堪回首的往事。可是，在日军控制下的北平，失意的事随时都可能遇到，许多平民被侵略者绑架了。老老实实过日子的百姓要是被日本人盯上了就会遭殃。甭管干什么的，要是有点名，日本人没准儿就会打你的主意。

民国三十年（1941年）8月，北平湿热难当。一天，时年37岁的兆和在画室里整理画稿，他打开一幅在年初时画的老小一家三口逃亡的画作，题词中写道：

《田园寥落干戈后》

> 田园寥落干戈后，
>
> 骨肉流离道路中。

这幅直接表现流民的画，比起以前的画是尺寸最大的了，他觉得还是不足以表现"其情之哀，其声之痛"，他琢磨着要创作出百人之众的大画，究竟应该怎么画？需要多少钱呢？忽然，窗外一阵骚乱，他走到街上看到卖报的就像撒传单似的，把糟糕的消息分发给路人。报上竟说中国人自己制造了重庆校场口和平隧道大惨案，有992人窒息死亡，151人重伤。后来，兆和从小道消息中才得知，如此大祸是日军轰炸造成的。兆和由此又联想起逃难中的妹妹而坐立不安。

一天，时近黄昏，有人在轻轻地敲门，这声音不像学生郭明桥，也不像学生宋泊，更不像急性子的李记者。兆和穿过小院打开木门一看，一位戴着圆形眼镜、约三十多岁的矮个子男士笔挺条直地站着，他深鞠一躬，兆和便知来者不善，一定是个日本人。此人一口流利的中国话，进了屋便说自己是交通公司总裁的顾问。他面带笑意地声称按报上刊登的地址慕名而来。他说公司总裁很欣赏蒋先生的人物画，故请兆和去日本为总裁的母亲画像。兆和一时没有言语，心思着日本人居然盯上了他！顾问见兆和不冷不热的样子，便说不必顾虑，就只当去看看风景，还说总裁已经安排好了。他从兜里拿出了一张去天津的火车票，说在天津登船，船票也已经买好了。兆和听到船票愣住了，他想起一年前王之英选定兆和作为艺专的代表参加北平教授访日视察团。王校长说要兆和去看看日本的图案开开眼界，此去却被日方管制如囚犯一般。眼前的这位顾问还神秘兮兮地说日本国政府现在禁止中国国民以个人名义入境，他说编造了蒋兆和是公司雇员的假证明，需要业务来往才弄来签证的。更让兆和措不及防的是，没过几天，这顾问就带着公司里的几个年轻人又来了，看上去都是打工的中国人，他们一进屋就摘画、卷画，不到半小时就把兆和的最爱 —— 他的画装进了木箱。还说既然去东京，如果能开画展也是好事，开不了再把画带回来，还一个劲地说这是他的好意。

日本人肚子里卖的是什么药？兆和全然不知也不知所措。这天晚上，他看着空空荡荡的画板，靠在沙发床上喝醉了⋯⋯

兆和漂洋过海到了东瀛，给那个总裁的母亲画完像就急切地想着回国的事。这顾问却说从小喜好美术认识不少画家，他请来艺术名流到饭店里观看兆和的画。这些画家看到中国的水墨能表现出现实中的人物大为惊愕，直到现在仍被中国画界熟知的横山大观、中泽弘光等著名画家于 1941 年 9 月联名发起，在高岛屋百货公司举办了蒋兆和的画展。有个中国留学生，也就是后来创作《八女投江》而成名的画家王盛烈回忆说："我当时看到这展览，感到的是中国画的骄傲。我在展厅里注意到了一种严肃的气氛，这是画吗？这是人类向良知和正义的呼唤！让我的心颤动不已⋯⋯"令兆和颇感意外的是，从观众的神色里感觉到日本民众流露出的压抑。连那个顾问也没有想到兆和的画展能引来不少观众，展后，有的日本人还在兆和的身上打起了"亲善"的算盘，引出大腕明星小姐好一番纠缠，要兆和带个日本老婆回国，面对这样的强求，兆和毫不犹豫地拒绝了。

兆和回到了北平，不久后风云激变。日军偷袭了珍珠港，香港、东南亚沦陷，太平洋战争爆发。民国三十年（1941 年）12 月 9 日，中华民国政府发布公告正式向日本宣战。

燕京大学和北平基督教青年会被日军占领。燕京大学校长司徒雷登被捕。兆和感到了从未有过的严酷，他急于要到更多的沦陷地去记录流亡民众的不幸：

思欲以素楮百幅，秃管一枝，为我难胞描其境象。

可是，路费何来？购买大量画纸的资金何来？日本人已设下道道关卡，能够通过盘查的证件又该如何搞到呢？真是天无绝人之路，一个有心计的人在这关口前替兆和想出了办法。这个人就是在1936年兆和举办师生画展时的第四位"感慨者"，实用美术工艺师储小石。储小石是王之英在日本留学时的同学，王之英聘请他做了北平艺术专科学校图案系的教授兼系主任。储先生从20世纪30年代初就主张"工艺产业化"，他不顾国情是多么的贫弱，其理想也只能是空说。一天，储先生与兆和一起闲聊，又老生常谈起家居设计要产业化，话里话外还透露出想与官方来往，他说想找建设总署殷同督办，看他能否出资协助办厂。兆和听着便应声说出从日本回国途中被引见殷督办为他画了像，殷督办说如果画画缺钱可以找他，兆和觉得这冠冕堂皇的话哪说哪了，储先生听后倒觉得借兆和曾为督办画过像一事，也许就有了与这督办套近乎的机会。于是，储先生托人去打探了，没过多久，殷督办就以答谢兆和画像为由请兆和与储先生吃饭。酒桌上储教授大谈工艺家具，兆和顺口说了想画幅大图表现穷人但缺经费的事，殷督办应和着，对兆和计划画流民还感慨了一番。不出所料，仅过几天，储小石便把南下的通行证和督办给的钱送上了门。北平流通的是华北政府银行券和日本银行发行的储备券，兆和于80年代初在接受中央美院理论家程永江的采访时回忆说："当时给我的钱，相当于现在的一千元吧。"

储先生一边看画室里的画，一边传达殷督办的话，意思是兆和给他画过像，拿出些钱来就算是画像的报酬用来创作还是可以的，等兆和画完画稿，他要看看这大图。

兆和拿到钱，马上就去琉璃厂买了一刀较便宜的高丽纸。他准备立刻前往南京、上海等地去搜集更多的素材。为了能在敌占区应付盘查，王之英校长找到他在日本认识的学美术的留学生穆家麒，看他懂日语、会速写，就由他协同兆和一起南下写生了。其时，正是 1942 年晚春，兆和从 1940 年开始集中精力构思的"流民图"，就在这一路风尘之中拉开了帷幕。

曾在天津南开大学任教的穆家麒到了暮年也没有忘记与兆和的这段经历，他回忆说："与蒋先生在南京、上海主要是在街头画速写，专画各种凄惨景象。在街头不便当场作画的，就记在心里，回到住处再默画整理出来。在南方花销所剩无几时，蒋先生便给一些寓公、有钱人画像。"

当时的日本军界头目与中国的亲日派宣传"和平运动"营造安定假象，蒙骗国际社会。大街上到处张贴着打击英美帝国主义的标语；日企为了壮大自己招募工人；日本人还向中国儿童施舍食品；兆和没有画这些表象，他看到的真实与表面的"亲善"大相径庭。

在他的画稿上，记录了太多太多不幸的人，有很多背着老人、扛着锄把的农民。一个老奶奶饿死了，可怜的幼儿扑在她身上哭到晕厥。

有个女人在炸弹坠爆时吓疯了，她直瞪瞪地看到眼前有了好心人，伸出手要为孩子讨口饭吃，可是，什么也没有。

有不少流浪的人用锄铲支撑着身体。母亲拖着仰面命绝的孩子不忍放弃……后面的孩子在哭叫，不知还要走多远。

太多太多的苦难出现在兆和的画稿上，六十多天风雨兼程，他们到了黄浦江边……

《流民图》局部 1

《流民图》局部 2

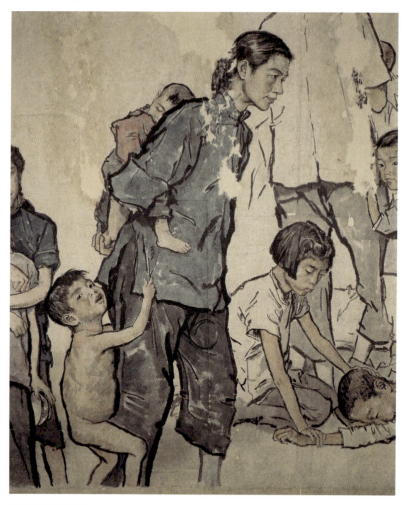

《流民图》局部3

　　正当兆和专注写生的时候，一个陌生男人跟着兆和看了许久便开口发问："你们怎么只画街边流浪的人呢？画他们有人看吗？"兆和立刻警觉起来，不会又遇上会说汉语的日本人了吧？他瞅着穆家麒，穆先生心领神会地朝这陌生人用日语说是随便画的，话还没讲完只听陌生人笑道："我是中国人，看你们画得还不错。"此人说自己是一本名叫《杂志》的记者，会将兆和与家麒画流浪人的事，报告给刊物主编，希望兆和能接受他们的采访。后来，主编吴诚之果真专程去访问了兆和。兆和讲了他曾在上海的经历，特别讲到了悲鸿对他的影响。吴主编在采访中明白了兆和要画底层民众的苦心，他鼓励兆和要画出更多的流民，还说以后会发表《流民图》，这番话给兆和留下了极为深刻的印象。

在上海，公共租界已被日军占领，兆和回到熟悉的霞飞路，还特意去了趟闸北。他沿着当年被炸弯的铁道一路追忆。坑道里还能看到当年的麻袋垒起的沙墙倒在路旁，他想起来了，那天日军疯狂轰炸，他心爱的"母校"商务印书馆的大楼轰然坍塌！就在那些巷口，一队队勇猛的战士倒在了血泊中。

兆和走到火车站，不大的广场上拥挤着疲惫不堪的难民。他们拉家带口，老弱病残，倒卧的、呻吟的、乞讨的……从 20 世纪初到 40 年代，中国因旱灾、水灾、虫灾造成的逃难者数不胜数，而眼下数万万的流民又因何而逃亡？

在一摞摞画稿上，兆和听到了难胞们的悲鸣：

通都大邑，穷乡僻壤，无时不有成千成万的民众，饿殍沟壑，嗷嗷载道，世上之最可怜而最可恤者尚有过于此乎？

南下耗时三个月，兆和通过写生，《流民图》的构思更加清晰了。他感觉到用"丈二匹"去画，也不足以表现这巨大的灾难，他说：

轰炸，逃亡，这就是要表现的主题。

塑造典型

1942年夏，兆和从南方的敌占区又回到了北方的敌占区。宪兵队在街上列队扬威，伪军在街上四处巡逻。日本当局表面上主张中华传统，却强制灌输日本文化。他们说日中的艺术要交流，在教育、文学、演艺和美术活动中，他们却在严密监控中国文人的举动。

北平艺专的那个身为教授、很可能是日本特务的伊东哲不时地在查问："蒋兆和到南方干什么去了？为什么不来上课？"他听到兆和在画什么大画的传闻，问学生，学生们回答得含含糊糊。又追问校长王之英，王校长笑着反问伊东哲："蒋先生去南方写生是建设总署殷督办资助的，我们就不打扰他作画了，没有安排什么课。"王校长为兆和搪塞了，传闻也多了起来，兆和曾回忆说：

"当时即使在我周围的学生中，我也不能透露画《流民图》的含义……"

在兆和的记忆里，总会看到一些人在画室外溜达，有几次还推开院门，进画室四壁查看，盘问画的是什么。兆和的神经不免紧绷起来，他不得不把那些有轰炸场面的画稿藏在箱子里，把大画分割成看不出关联的单张，画完了就叠起来以防不测。但说到底，真正令他寝食难安的倒是那位建设总署殷督办，兆和担心督办总有一天会看到他画了什么，要是知道画《流民图》并非意在一般的穷人，不要说展览，连画下去恐怕都会遭到阻挠了。

兆和按照他的"保险"方式进行着创作，学生们为兆和的大画去找模特或当模特表现得也最为积极。画里需要有老农牵着一头驴，不知学生宋泊从哪就能找来一头驴牵到画室的小院里。宋泊又找来个名叫刘直生的女同学，她扮成从东北流亡到南方的学生。刘直生后来回忆："我愁苦的样子，左手扬在头发间看着远方。"她似乎感觉到了什么，也不禁露出积愤之情。画中有个城市女子苦闷地带着下跪乞讨的妹妹，而这个形象的原型就是艺专学生许汶欣。当许女士来到画室听到兆和要她像街上那些难民一样时，他的情绪一下子就波动起来，她的手也不由自主地颤抖。许汶欣到晚年时还在讲："先生一说，我捂住脸就哭了。我的潜台词是：没有日本人来，我怎么会这样？"学生们私下里也在议论蒋先生为何要画那些难民？有的同学渐渐地明白了，为了老师他们守口如瓶。

　　要说难民流浪在街头，数不尽画不完，为啥还要寻找模特呢？兆和曾说过，难民在长途中奔命，画他们的情节只能靠速写做些记录。作为创作，只靠速写还远远不够。流民中的特写，或者说作为一个阶层的代表人物，就需要在画室里仔细地去刻画了。

　　日历被一张张撕掉，日晷的影线从 1942 年的三伏一下就移到了立冬。被请到画室当模特，作为流民中典型形象的人，大都是北平艺专的学生。画面上有上吊的，倚石绝望的，抱着亲人哭泣的……这是《流民图》的第一部分。

　　在大图中的最显眼之处，是一群挤在一起的妇孺老小，他们捂着耳朵，搂着孩子惊恐地望着震耳欲聋的日军轰炸机从头顶飞过，这是《流民图》的第二部分，表现出国人惨遭日军轰炸的情景，也是全图的主题。

而在《流民图》的第三部分，兆和悉心设计了一组知识分子的群像，通过这些文化人的神情与姿态，画出了他自己与沦陷区的民众，也是这千万流民中的流民，其遭遇正如文天祥所云："境界危恶，层见错出，非人世所堪"，"今而思之，如痛定之人，思当痛之时，不知何能自处也。"对这些典型人物的塑造，兆和表现的不仅是痛苦的呻吟与苦闷，着重表现出的是心底的呐喊与抗争。于是，出现在这组知识分子群像中的第一个人物，便是端坐如钟、皱紧眉头在痛苦中的书痴，他就是兆和的知己邱石冥。

一天，比兆和小 5 岁的辅仁大学助教吴师循来了，兆和客气地说："吴先生，请你来是有事相求呀！"吴助教却直言："兆和，我是了解你的，你肯定叫我来做模特儿，不用求，你也不用在我面前遮掩，依我看，你就像厉南溪先生说的，是'哀鸿入画心原苦，凄绝君家笔一支'呀！"兆和听罢释然了："师循，你是我的知音，你是受日本人气的知识分子，你就摆个姿势，靠在大树下，做个难忍的样子吧。"吴助教靠在墙边说道："看看这北平，街上到处都是日本人，学校也被他们控制了！"这吴助教忽然抬起了头："兆和，说点高兴的，你还记得那天吗？咱们在北海滑冰？""记得！一个日本人调戏中国女学生，把她撞倒了好几次，你不服气，冲上去一伸腿，把那个日本人绊了个仰面朝天！"吴助教就像天真的男孩笑道："那天就是痛快！好久没这么痛快了！你的酒呢？把你的泸州老酒拿出来！"要说这吴师循，可不是个无理取闹、习惯小动作的人，只是看着日本人故意欺辱中国女孩实在气不过又无处讲理去，才有了"人不犯我，我不犯人"的冲动。其实，那些与鬼子拼杀的勇士，他是打心眼里佩服的！

这热血青年吴助教与兆和借着酒兴，说起了他佩服的人。他

蒋兆和作品《流民图》被损毁的后半部分局部，表现出沦陷区人民的痛苦。通过这组知识分子群像表现出他们内心的抗争。这是流民图第三部分

说北平基督教青年会里有个小年轻，他看自己的父亲当了汉奸，看到日本人肆意妄为，一气之下抄起家里的枪，开着父亲的汽车去与日本兵拼命，他在枪战中剩下最后一颗子弹的时候自杀了。吴助教正说着，大版画家王青芳身着脏兮兮的长袍翩翩而至。王青芳见桌上有酒，便拿起酒杯不客气地一饮而尽。他看着画板上的画稿说道："兆和，我这个模特可不能少，我也要站在那棵大树下，上有华盖地有根！"王青芳拿起酒杯对兆和轻声地说："我王青芳，从不低头！"于是，一个站如青松、正气浩然的学者，出现在《流民图》之中，他仰着头，那坚定而富有远见的目光里充满了必胜的信心。兆和直截了当地要求吴助教把对日军的恨表现出来，

吴师循那股子愤然的样子也就自然地进入了画卷。吴师循在他 86 岁高龄的时候还对年轻人说起这段往事："蒋兆和先生 1942 年创作《流民图》时，把我叫到朝阳门内竹竿巷他的住处。要我当一次模特，一个受日本人气的知识分子。五十年过去了。日本对投降还不服气，他们认为大东亚战争是'圣战'。从《流民图》中，大家看到'圣战'给中国老百姓造成的是人间灾难。"

《流民图》上靠在大树下穿西服的知识分子原型，原辅仁大学助教吴师循于 1994 年在《流民图》前留影

眼看又要过年了，《流民图》画稿也逐渐显出了它的规模，兆和愈发感到的却是压力的来临。这大图反复修改，画废的纸张超过了兆和自认为尚可的画稿，就连墨都磨费了好几块，没有钱去买纸墨还怎么能画下去呢？再去找督办吗？躲还躲不及呢，万万不能！就在这焦急万分的时候发生了一件事。那个出资助兆和去南方写生的殷督办令手下将兆和传了去。据当事人后来回忆："建设总署督办认为《蒋兆和画集》在建设'东亚秩序'之际，出现这样的作品，是给自己脸上抹黑。他的秘书召见蒋先生说'不可再出版了，否则对时局不利，愿先生明鉴！'同时，拿出 10 万元联币支票，俗称'绿被

袄'，也就是当时的伪联合准备银行的纸币。作为收买版权的报酬。当时，蒋先生就表示要保留版权，这钱不能收。秘书向蒋先生交了底，他说：'如果还可能出版，要想到对日军的影响，想到后果的严重！'"兆和拒收版权费起身而返，那么，眼前这大画没了经费又该怎么办呢？那些日子，兆和光着脚躺在床上，屋子里又是一地烟头，学生郭明桥一进门被呛得直咳嗽，兆和告诉小郭画《流民图》的钱已经"弹尽粮绝"。小郭立刻说为了老师的大画，没办法也要想办法。兆和叹了口气："你帮不了我。画这么大的画，需要很多纸、墨，需要很多钱。"小郭点子多，他说勤工俭学交了不少朋友，保证能借到 5000 元。兆和怕背债执意不肯，小郭就说他能找到很多人，靠画像也能把钱挣出来。兆和心想，以前为人画像多为人情，挣不了几个子儿，唯有萧龙友老先生画像后还亲自到画室送上钱来。这年头，哪去找那么多肯出高价画像的人呢？兆和不相信小郭的话，又拿不出办法，几天里他一筹莫展。

时到中午，兆和总能听到窗外传来耍猴老汉那添乱的锣声。阵阵锣响，声声刺耳，真是：

走遍江湖，经几许风波和困苦……

小郭知道老师画流民艰难，只有靠画像能凑些钱来。他明白这画像钱也只能从有钱有势的人当中获得。小郭知道蒋先生画过恩师徐悲鸿、齐白石，画过知识界和文化圈里的名流就更多了，如马连良、萧长华、尚小云，就连兆和第一次到北平时因为不肯磕头得罪了的周养庵也主动请兆和画了像。所以，小郭凭着先生为人画像的巨大潜力，从 1940 年秋就四处张罗画像的事了。那时，郭明桥刚毕业不久，储小石教授就介绍他到Kanebo（佳丽宝）馆钟

百年巨匠

蒋兆和

Century
Masters

Jiang
Zhaohe

纺公司去做设计师。在那里，小郭结识了一位特殊女士，她身为公司顾问，实际是清朝最后的格格，爱新觉罗·显琦（金默玉）。这位看上去也就二十多岁的皇亲，恰巧还颇喜绘画，晚年时这"格格"赶上改革开放，还成了一名教育家。北京电视台《档案》栏目还做了专题片，讲了她在抗战时反对姐姐川岛芳子卖国投敌的故事。

1942年底，金默玉听郭明桥说兆和没钱画画急得抽闷烟，她不假思索地便向做商人的哥哥金定之要了4000元赞助给了兆和画室。兆和为金默玉和金定之画了像，但这为数不多的钱还是不能补足《流民图》的开销。

那个时候，超大的画，中国人都没有见识过，办大画展览的开销难以想象。当时的报纸上披露了画业成本："如要举行画展，以出品五十件而论，那么必须支付裱工费2500元，镜框费5500元，

蒋兆和的学生郭明桥

爱国教育家爱新觉罗·显琦（金默玉）

宣纸费 350 元，颜料等费 100 元，会场租费（三日）300 元，请客费 2000 元，运送费 300 元，其他费 500 元，共计 11550 元。这个一万余元的数目，不是富裕些的画家是担负不起的。"而兆和画《流民图》空前巨大，所用纸张数卷，租用展地也需高大厅堂，粗算两万元也未必够呀。

郭明桥神通广大，还多少学会了做生意。于是，他定出笔润价格为头像 200 元、半身像 500 元、全身像 1000 元，之后他立即行动。郭明桥后来回忆："为了画《流民图》，今天跑这家，明天画那家。因为要顾及人家的时间，一次画完以后天色很晚了。兆和与我走在大街上，披星戴月，凉风袭来，倍感凄凉。看先生的大画没有多少进展，这样下去吃不消，还要再想办法。"于是，小郭与同事们说起了他的老师要画一幅同情穷人的大画需要钱，同事们虽然想不出大画是什么样子，可是，小郭的口才使公司的员工们一呼即应地给予了同情。有捐钱的，也有被画的。早先认识的金定之又在金默玉的劝说下，找了一位国内财力雄厚的企业家赞助了兆和。这位企业家的大名都没有搞清楚，只是由金定之代理，小郭分期去拿钱，拿到了钱就细心盘算，哪部分去买画纸和笔墨颜料，哪部分可支付给模特、用作托裱和展出时租用场地，结果，似乎还是有些不够，兆和回忆："金定之有些生意上的朋友请我画像时，也一一应允。"按郭明桥的话说："兆和与我经常是一日三餐变一顿，尽量省下钱来，只为着《流民图》的诞生。"

兆和创作《流民图》近 9 个月了，为防盯梢，不得不遮遮掩掩。草稿接近尾声时，压在他心头的担忧一天比一天沉重起来，殷督办非要看个明白又该怎么办呢？一本画册都不能容忍，何况一幅巨作呢？说来也真是怪哉，似乎一切都安排好了，1943 年元

百年巨匠

Century
Masters

蒋兆和
Jiang
Zhaohe

蒋兆和在画室

且伊始，老天爷就发给兆和一份劲爆惊闻，1月1日的报纸上出现了一则蹊跷的消息，说这督办于 1942 年底就在医院里病殁了。这消息让兆和大松了一口气！从那一天起，兆和挣脱了所有的顾虑，他尽其才华，在画稿的基础上，又作深入地刻画。他没有像在重庆那样用大面积的墨水渲染人物，很像是在画壁画，用苍劲的线条勾出人物的轮廓，极为精准地塑造了一个个如真人大小的生灵。其实，中国画自古就有长卷的传统，《清明上河图》《富春山居图》《千里江山图》《韩熙载夜宴图》等等，还有那幅宋朝的《流民图》都是文案之物，兆和却把这传统变成了空前巨构，把现代中国水墨人物画的艺术推向巅峰。在抗战期间，也有一些画家画了小幅的《流民图》，然兆和创作的《流民图》，不仅仅是空前巨大，而且是跨越了时空的界定，把众多逃难流民的苦难与沦陷区平民的不幸都集中表现在这长卷中，兆和要在法西斯当道的鬼界里"吞吐大荒"了。

周旋策展

　　经过了一个夏天的努力，兆和才把画好的部分用大头钉拼接起来。9 月的一天，因为画室里太小，他把拼接好的画面延伸到院子里，连他自己也是第一次看到了《流民图》完整的大效果。傍晚，兆和卷起这大图叫上一辆洋车，直奔了和平门外的琉璃厂。

　　琉璃厂可是北平人玩字画古董的宝地。当时那里有个宝华斋，斋堂里的头把交椅要数托裱字画的师傅张子华。张师傅说起兆和的画来如数家珍，兆和作品的装潢也全都是他的手艺。天快黑了，兆和才进了这斋门，张师傅看到兆和抱着一摞画稿连声叫好，称兆和一年不见甚为高产，就大包大揽地清点了一下，抱起来就往后店走，他边走边说："您不着急吧？这几十张画要托裱连上板子待烘干，怎么也得一个来月，行不？"兆和不紧不慢地说："张先生，我要拜托您一件大事，这些画要拼成一幅大画，只托不裱，我想为它办个展览。"张先生一听就蒙了，他干这行事三十年还没听说过中国画有拼接的呢。再仔细一看，这么多张都是用大头针别着的，要接上谈何容易？他二话没说就去了东街，请来了韵古斋、静观阁、益古斋的掌柜们商量，又叫来了他的得意门生，一个 19 岁的精明小伙来出出主意。

　　几个装裱大师加上一个 19 岁的学徒翻开了这幅大画，忽然间，那学徒惊叫起来："师傅，你们看，这么多抱着孩子的大娘怎么都紧张地看着天呢？"张师傅皱起了眉头："这是轰炸吧？是在躲避轰炸！"他们继续往下看，当看到炸死的孩子、横卧在街头的老人充斥了整个画面时都被惊呆了。张师傅看着兆和低声道："这要是被日本人看见了可不得了。"兆和慢慢地说："这是我画的《流民图》，我看到的就画下来，我想给北平的人们看看。"师傅们被兆和简短的话打动了。他们觉得此事不容迟疑，要干，就马上动工。那徒弟大声喊了起来："师傅说得对！蒋先生，久闻您的大名，打今儿起，这《流民图》也让我与您更加熟悉了！我15岁跟师傅学艺，我叫刘金涛。今后，我也是您的裱画工，我打心眼里敬佩您！"这刘金涛后来果真成了兆和专门的裱画师傅，直到五六十年代，刘金涛已经是中央工艺美术学院的装裱艺术大师了。他在蒋兆和、李苦禅、李可染、吴作人、黄胄家之间来回跑，一直忙到80多岁。他在耄耋之年时还深有感触地说："我师傅张子华经常去蒋先生住处拿画来裱，可常听师傅说'蒋先生又不在家，他天天跟要饭的叫花子在一块，这个人真奇怪'。蒋先生经济困难，我记得他的画从来没裱过全绫的，也就是半绫的纸包首。他为人宽厚，对裱画的价钱从不计较。一般情况下是一方漫天要价，另一方就地还钱，但蒋先生从不说一个多，从不少给钱。日子长了，我师傅就不跟他多要钱了。1942年间，蒋先生来到我学徒的宝华斋，叫我师傅帮他买了好多高丽纸。一年后，蒋先生又来了，抱来一大摞高丽纸，上面画的都是受苦的穷人，这就是《流民图》，接起来有九丈长。我吃了一惊，我们裱画间一共只有两丈多长，七尺八寸高，这可怎么裱呢？张子华师傅也没有裱过这样的大画，就找柜堂上的老师傅张维恭商议。穷苦出身的张维恭师傅看到这画不由地触目伤怀，他说一定得把这画裱好。有几天，蒋先生天天到宝华斋来和我师傅商量怎么裱。他建议我们先接好，接的时候把边磨薄，挖补的地方最好能不露痕迹，整个连接起来后再托纸。因为屋子小，不能整托，最后决定分片托再粘接。我们托一块儿挣一块儿，干了三天，把粘接好的《流民图》叠放在案桌上，但是不平。蒋先生说'最好再托一层纸'。"从刘金涛的这段回忆中看出托裱《流民图》有多难了，师傅们眼瞅着叠在案桌上的大画没地方整平又该怎么办呢？兆和建议可否到街面上铺开托平呢？这

《刘金涛像》

可是天方夜谭了，这么大的画在当街石板地上托裱，自古迄今也没有过。再说了，要是被巡警看见，岂不酿成大祸了吗？张师傅静想了一下说道："只有等夜深人静的时候再干，我看八成没问题！"

　　大概到了戌时，兆和先请师傅们在附近吃点卤煮火烧。师傅们边吃边议论："要是三更里钻出夜查的宪兵队怎么办？"徒弟刘金涛一口酒仰脖进肚哈哈一笑说："那就算咱点儿背，蒋先生都不怕，是爷们儿敢做就敢当！"大家只当说个玩笑，轻松地回到了琉璃厂。就算是玩笑，可兆和听得出来，如今走到了这一步，师傅们今夜真要提着脑袋铤而走险来托裱《流民图》了。

　　子夜，死一样的寂静。琉璃厂的石板地被蓝灰色的月光照得有些阴森。荣宝斋门外的地面稍平一些，师傅们决定在那片地面

上展开《流民图》。在张师傅的指挥下，兆和提着煤油灯，师徒们把画心朝下绷在地上，两个师傅赤着脚，抬着一张张白纸轻轻地盖在上面，再缓缓地用四把棕刷推平画背面的白纸。刘金涛这样回忆："我和师弟在屋案刷纸，刷一张送一张，也不知跑了多少趟。直到很晚，我们才糊完。雪白的纸占满了几家铺面的砖地。我和师傅张维恭及师兄弟王道亨一夜守着。"几个小时过去了，黑紫色的云层里已经露出了白蒙蒙的光。

刘金涛和几个师兄在大画旁守到天明。过路人好奇地扎堆来看热闹，就惊动了背大枪的巡警，他们从老远就看到地上糊了一层纸围着一群人，走过来挥着警棍问："你们这是干什么？"说着就要踩画。几个师傅赶忙掏出良民证说："老总，咱们都是老相识了，您也知道俺哥几个是干什么的，这画您可别踩，还湿着呢。"

太阳爬得挺高了，师傅们担心围观的人看出破绽，顾不上大图还湿着，就急着起画了。刘金涛曾在回忆中说："我们把裁板抬到街上，由张维恭师傅趴在地上裁，他裁一段我们就卷一段。当时街上的行人都围上来观看，卖菜的撂下了挑子，拉车的停下了脚步，坐车的下了车座。"师徒们真是捏着一把汗，那个年头聚众，可要招来宪兵问罪呀。刘金涛挺机灵，一边阻挡过路人，一边给那些不三不四的人敬上烟。

师傅们小心翼翼地卷起《流民图》，正面的图像多多少少能被围观的人们看到，就像举行了一次街头预展。当《流民图》刚被抬进了宝华斋堂内，日本人的巡逻队就骑着自行车闯进了琉璃厂。

在琉璃厂的大街上冒着风险连夜托裱超长的大画，恐怕在中国的书画装裱史上是空前绝后了。难怪刘金涛到了90年代还在说："1991年在炎黄艺术馆开馆时展出蒋先生的《流民图》，我哭了。画家李延生问我，你怎么对《流民图》这么有感情啊？《流民图》是我跟师傅裱的，那画大啊，在日本鬼子眼皮底下画的，多大胆量啊！"

当时的宝华斋的地方可容不下《流民图》这么长的画，为腾出地方，师傅们把墙上挂着的名人字画全摘了下来，把这大图的正面朝着墙面勉强绷了上去。兆和天天到斋里坐等着大图晾干。打个电话问问不就行了？那时哪像现在有手机这么方便！兆和坐在斋堂里心急火燎，不是因为这画干得慢，他又为这么大的画怎么展出发愁了。兆和先是跟张子华师傅合计，张师傅一时想不出啥办法，他根据这行里的惯例说："办展览总得找个代办吧？"可这么大的画能在哪里展呢？他随口说出只有像"太庙"那样的大殿，展出《流民图》才合适。认识兆和的人都说他是个不爱讲话的慢性子，其实，他要是急起来了谁都拦不住。

当兆和拿回大图的第二天一早，他趁着街上没什么人，叫上一辆洋车，抱起这卷《流民图》就往东四牌楼跑，一头钻进了储小石的家。

这储教授家底不错，年轻时留日学习工艺，战前娶了日本老婆。事变前买了房，一天到晚在小洋楼里设计家具。兆和进了储家宽敞的客厅，便长话短说把《流民图》展开了。并直截了当地说想在"太庙"里展出这大图。这位只顾设计的储教授也在这大画前大为震惊，只见他夸耀之词不讲，前前后后反复地看，当看到似见轰炸的画面时变得大为失色："兆和，这画的可不是你说的穷人，这一看就知道画的是躲避轰炸的难民了。难怪你说这画叫《流民图》。"储先生钦佩兆和的绘画风格，也明白兆和是来请他为展出的事出主意的，可他实在是为难了。

那时，日军发布了"彻底统治言论"的训政，在渲染"乐土"与"和平"的同时，又对影响"圣战"的言行有了明文规定，"对于助长国民反战、厌战情绪的论调必须格外注意"，列在"当前需要严重警惕的事项"之内，并把这些规定延及文学艺术领域。于是，日军建立了严格的新闻审查制度，审查通过者盖红色印章"检阅济"。所有反映日军烧杀抢掠的文件、图片都被认为是有损日军形象、会引起士兵厌战情绪的，会盖上"不许可"的印章，严禁对外发表。日军对自己的审查尚且如此严苛，更何况兆和的作品《流民图》呢？这可是史上空前浩大、揭露日军伤害中国人的巨作，还要在日本人管辖的北平，在显赫的太庙展出，储先生一时说不出个主意来，可又觉得兆和的画确实异常精彩，矛盾中，他还是与兆和一起把《流民图》带到北平中山公园东侧的餐馆兼茶社"来今雨轩"的凉棚里，约了邱石冥、李进之、金默玉、王之英、宋泊和郭明桥，还有个来自四川的美术史学者杨啸谷，九个人在那里一起商量展出的办法。当大图徐徐展开，这几位虽说各有各的感受，但都被画中的惨状与强烈的主题所触动，议论的焦点也自然地全都集中在如何赢得展出权的问题上了。

在沦陷区，日本当局高调宣传他们的占领地是新民之地，绝不允许表现因战争而亡命流离的文艺，更不能容忍有丝毫反日倾向的文艺出现。如此显眼的《流民图》会招来怎样的麻烦呢？大家心照不宣，李进之生怕在这多有名人出没的场所可能有官人到此，催着兆和把画卷起来，以免招惹是非。在沦陷区一片亲日的境域里，要将这幅与日伪舆论相悖的画公展，兆和要绕过几座山，要闯过几道关呢？他在后来的回忆中说："展出此图，以个人的能力和名义是绝对不行的。在旧社会干艺术这一行都必须要找后台，甭管它是真后台还是假后台，是实质上的还是挂名的，反正你都得想方设法通过官方检查机关。"

那天的"九人会谈"无果而终，草草收场了。从各位的议论中兆和感觉到了危险，他做了最坏的准备，特请大摄影家蒋汉澄为《流民图》分十个段落拍了照，并洗印出50套以防后患。兆和又与储教授商议，储君考虑再三后便同意拿着《流民图》的照片送交审查机关看看再说。

展出大画的事冷了半个月才有了消息，储教授传来了当局提出的展出条件，兆和曾回忆："有个中国官员是日本当局的顾问，他看了照片以后说，必须满足两个条件才可以考虑展出：第一，此画不要叫《流民图》，改为《群像图》，以免刺激舆论；第二，是以什么理由展出，他提出既然殷同赞助过，展出此画用以表示对他的感谢。他们还要求我写一篇《启事》，公诸报刊以示谢意。"

兆和为了展出《流民图》，他说：

> 只要艰难地透过严密的官方检查机构，使该画与社会人士见面，就算实现了我的初衷。

兆和为了《流民图》能顺利公展只得让步了。记者李进之托人找到当局舆论的热门报纸《时报》，报社则明确要求文字的东西发表，要与当前的宣传一致。于是，作为展出《流民图》的条件之一，

摄影家蒋翰臣、记者李进之与蒋兆和合影

兆和起草了启示《我的画展略述》交编辑修整后刊出了。

为了给《流民图》扫清障碍，在这篇不到千字的短文里，兆和该如何与当局的宣传一致又不一致呢？文辞亦可谓云山雾罩。在敌占区亲日的语境里，兆和用怎样的词句才能降低官方对《流民图》的注意呢？又怎样能通过"启示"，启发读者看懂画面上的同胞因何而苦难呢？兆和颇费了一番心思，《略述》一开场，他就暗示了画《流民图》的初衷：

> 鄙人作画素以老弱贫病、孤苦无依者为对象，别无他，是在取材上之便利，而表现上能得到大众的同情而已。这次鄙人的画展，亦不外乎此，希望诸公观览拙作之后，不必夸奖我技巧上之如何高超，更不需要以私人的感情去批评拙作的好坏，而我所惟一希望者，是求诸公能予以时间去细心的体会，而能感到一点内心的同情，是所感盼了。

紧接着，兆和对所有资助人表示谢意，又引出殷督办"嘱鄙人"的一席话。要说兆和自己要画《流民图》，又何来殷督办所嘱呢？兆和在后来的回忆中说：

> 当时我要解释是我自己要画《流民图》，而不是殷同所委托，汉奸特务们必然要追究我画《流民图》的目的何在。

原来，兆和顺水推舟，借殷督办对兆和"拟绘一当代之流民图，以表示现在的中国民众生活之痛苦"的一段感言应付当局。殷督办所说的话是希望重庆政府要了解沦陷之苦早日光复，还是望蒋介石妥协求和呢？不管此言有几多可能，兆和也把自己的看法和立场说了出来，他接着写道：

> 可是为作此画之困难，不管以任何一个立场来说，就以现今之社会的现象，实非我作者能表现于万一。

百年巨匠
Century
Masters
蒋兆和
Jiang
Zhaohe

不错，兆和深感到尽管画了巨幅长卷《流民图》，对沦陷区人民痛苦的现状，对遭日军轰炸的一切，也只能是"表现于万一"。

虽说《略述》披露了殷督办对兆和拟画流民所嘱的一席话，虽

蒋兆和在画室

说当时连小学生也能熟背的官话"革新生活"也出现在了《略述》中，可是，这文章很微妙，兆和自己明白，这微妙就妙在他画出的《流民图》本身，与《略述》中迎合当局口吻的话有着天大的反差！明说与暗斗在激烈地博弈，任何言辞也无法掩饰画中记录的暴行。《流民图》只是民族悲剧中的一段，仅此片段，就可明了沦陷之地到底是谁的"乐土"？是"安定民生"还是民不聊生？

储教授觉得帮这个忙是冒风险的事，不过，他仗着自己有个日本老婆，觉得就算有事也能抵挡一阵。他料定展览一事凶多吉少，便拉大旗作虎皮，利用挂靠在"新民会"下自己创办的，也就只有他一个人的所谓"生活文化协会"为这展览做了主办。储小石又写上"华北政委会情报局"的名称作为挂名筹办，总算为兆和展出《流民图》打通了屏障。

10月初，宝华斋的张师傅带着徒弟和艺专的学生们，相互默

契着紧张地布置会场，忙乎了一整天。也许，10月里的瑟瑟秋风，在公展的那一天会带来秋雨一扫尘埃。

《流民图》即将展出的时候，也是北平连续刮起"强化治安""抗击英美"之风的日子。先是召开对"美英宣战"的"国民大会"在太和门举行；华北宣传联盟主办击灭英美壁画展览会；华北政委会情报局又举办击灭英美中日学生书画展，发起了"剿共建国""肃正思想""革新生活"的闹剧。

兆和的朋友们在报纸上也"刮起了一阵风"，刊登出的广告说："蒋兆和先生群像画展，定明日（二十九日）起在太庙正殿举行，蒋氏绘此图，曾亲临贫民窟踏访历时一年，耗资三万元，该绘坛之伟大作品，闻此次共展两周，至十一月十二日截止，不收费用，欢迎市民前往参观云。"兆和还特意绘制了两份请柬，专程送到萧家。萧龙友老先生看到请柬用纯正的川音说道："可贺！可贺！我等一定拜观大作！你是才子噻，传人嘛！"兆和指着另一份请柬有些紧张地说："萧老，这是我盛邀萧五小姐的帖子，期盼小姐能亲临赐教。"萧老看着兆和虔诚的样子，会意地笑了。

当晚，兆和一个人站在院子里，他望着漆黑的天，沦陷的日子一幕幕出现在眼前。睡梦里见的是《流民图》；睁开眼看到的是《流民图》；他到处画像为的是《流民图》，为了《流民图》，他坚毅始终，几经曲折，不为时局干扰，不为人言所动，一心为实现艺术救国"烹一碗苦茶"，沉浸在自己的创作中……

兆和点燃手中的烟，他在心中言道：我将真心托明月，何顾明月照沟渠？唯一让我牵挂的只有《流民图》上的百万流民，数万万北平人……还有她，能否读懂我的心？

太庙风云

民国三十二年（1943 年）10 月 29 日上午，在天安门东侧太庙，39 岁的兆和呕心沥血了一年，高 2 米、长 27 米的鸿篇巨作《流民图》，在深蓝色幕布的映衬下展出了！

画面上没有题词落款，这是兆和在抗战时期作品中的一类。这一类的选题、形象，都是明确针对日军暴行的画作，如《伤兵》《囚犯》《轰炸之后》。

《流民图》前摆着一排黄白相间的菊花。没有嘉宾剪彩，没有官员到场，也没有兆和的致辞。

上午九时，兆和谦恭地站在大殿门口，向每一位观众鞠躬致意。站在兆和旁边的是画中人邱石冥，学生宋泊。

兆和的模特们来了，画界的朋友们也来了。李进之站在大殿一侧的木桌前，招呼观众们购藏《流民图》的照片。萧琼搀着萧老走进殿堂，在册页上签名并题了词，没有与兆和寒暄便走进大殿深处。

人们平静地走向大画。有的停住脚步注视着画面上的每一个人物。他们看到这大图不知从哪里开始？在哪里结束？画里的流民，拥挤在荒野、铁道、码头、街巷……毁灭在烽烟弥漫的爆炸声中，北平人在与画中人相视的瞬间看到了自己，看到了亲人，他们在无声中为之动容。

兆和没有看到储教授的身影，只看到有人在窃窃私语，也有人在轰炸的画面前看了很久 …… 兆和的耳边只有那一段段《流亡》之音："看！火光又起，不知多少财产毁灭！听！炮声又响了，不知多少生命死亡！哪还有个人幸福？哪还有个人安康？谁使我们流浪？谁使我们逃亡？谁使我们国土沦丧？"

观众跟着画中的流民，注视着捶扣胸窝的老者，迎面又走来牵着毛驴背着被服的老农 ……

一群伤成残疾的工人，还有穿着旗袍、西服的职员，他们的工厂被炸成废墟，企业被日军强占，他们在绝望中拉家带口 ……

闻讯而来的观众越来越多，英千里教授带着儿子英若诚和辅仁大学的师生们挤在观众中 …… 很多观众与画中团抱着仰视天空的平民们心连在了一起 ……

《流民图》

百年巨匠
Century
Masters
蒋兆和
Jiang
Zhaohe

有个做了一辈子技术员的市民在后来的回忆中说："我当时还是个大学生，我一个人去看了《流民图》。一边看一边留神是不是有人在盯梢。看着蒋先生的画，我的思想一下子就深刻起来了。"

有个当年的中学生后来回忆："我一看到这幅很长的画卷，我哭了！蒋先生把苦难时代留下了记录，画家每笔都极有力量地吸引着人们！"

一位名叫李家欣的工程师在回忆中说："我当时太小，当我看到画面上的老人捂着耳朵，父女抱头挤在一起，儿童惊慌躲在大人胯下，我误认作是放鞭炮了。我一个劲地问，在回家的路上父亲才说：孩子，那不是爆竹，是轰炸！！"

裱画师傅刘金涛一想起当年在太庙的情景就会动情："蒋先生

的《流民图》给我的印象太深了！它是苦难的中国人民当时的生活写照呵！那时候，日寇疯狂地扫荡，再加上天灾，饿死的人不计其数。贫苦农民步行到北平来变卖衣服和被褥，那情景惨极了。我们裱画工人也是苦不堪言，《流民图》上有个上吊的老人，那时确实如此，就我家来说，侄女才 14 岁饿死在枣强县，侄子养不起媳妇，就去挖煤，侄媳流落北平，扶杖挨门乞讨，饿死在和平门外南新华街上。一位姨表姐来北平卖衣服，被伪军拐卖沧县。托裱《流民图》的主力张维恭师傅更惨，装裱《流民图》后，他无力养活妻子就去卧轨自尽，死在了宣武门聚成公煤栈门外的铁道上。一想起这些往事，我禁不住老泪横流，就更觉得《流民图》可贵，更觉得蒋先生和千百万穷苦人民心连心。"

曾为芭蕾舞剧《红色娘子军》作曲的音乐家王燕樵在他的回忆中讲述了一段令人回味的故事："有一天，我们小学组织了全校活动，同学们排成长队依次到礼堂里去参观一位女老师从太庙获得的《流民图》照片。从照片里看到了那些和我一样大的孩子光着屁股在街上要饭，还有那么多的难民太悲惨了。老师给我们讲，好多同学都哭了，这样的活动影响了我的一生。"这位女老师就是后来的北京第二实验小学校长、著名的教育家、全国人大代表陶淑范。

而就在陶老师离开太庙还不到三十分钟的时候，就在民众们纷至沓来进入大殿的时候，这座被三层汉白玉基座托起的太庙，已经杀机四伏了。

大概在下午一点左右，学生宋泊发现观众里有两个日本人，他没有听懂那两个人嘀嘀咕咕在说些什么，就赶忙告诉兆和，兆和听罢只说了声："我知道了。"三点多钟，从大殿外跑进来的学生告诉兆和外面的气氛不对，萧琼挽着萧龙友看完展览正要跨出殿门时，她回头看到兆和脸色惨白。大概不到一小时的工夫，大殿外传来一阵骚乱，外面要进殿的人们被持枪的宪兵队阻挡了。一队带着警棍的巡警冲进了大殿。西边进口处被他们用长枪刺刀拦着，进到殿里的警察推搡着还没有反应过来的观众往东边的大门驱赶。人们不知道发生了什么事，有的惊呆了，警察不容分说地大声呵斥，大殿内外再现出与"群像图"里一样的"流民"，慌

《流民图》局部

143

乱一团。观众在警棍和刺刀的威逼下离开了太庙,兆和还是站在那里一动不动。

张师傅和徒弟们夹在人群中回头望着兆和,看到有两个警察就站在他的身边。张师傅出了大殿才知道,宪兵队在太庙外墙围的严严实实。他们跑回到斋堂里,惊魂未定地对掌柜的说:"不好了!蒋先生的画出事了,蒋先生的画被警察挑落一半。"

第二天,刘金涛从外面回来,不知道他从哪听来的消息,喘着粗气说:"他们说蒋先生是共产党,我看完了!"掌柜的忙着一边倒茶水一边给刘师傅压惊:《流民图》要是倒了霉,咱们也好不了。看看局势再说,最不济了,你们就先回乡下的老家去躲躲。"

"太庙事件"飞快地传到了北平艺专的校园里。那天上午因为有课没有去看展览的学生徐汶欣急了,她担心老师的安危,非要到太庙去看看。同学们拉着汶欣的手,都说千万不能去,会出事的。徐汶欣执意要去,她没想到,公园的大门开着但不许进。

一位参观者后来回忆说:"谁料第二天早晨,我去参观的时候,画展已撤,两个日本兵把门站岗,气势汹汹地监视来人。我不知底细径直奔前询问,他就骂我'混蛋',挥手驱逐……"去前线抗日的那个李文的女朋友和同学在开展那天的下午去了太庙,也被日本兵挡在了门外。

《流民图》开展还不到一天就被禁了,不到五点太庙里已经没了观众。学生宋泊在他七旬那年回忆说:"那天我给带队的警察鞠了躬,警察神秘地说:'上边说了,这画不能留,这园子里是防火区,你们拿回去烧了它。'我连声应着,招呼蒋先生赶紧离开。我见他脸色通红,还站在那里,我真的急了,我说:'蒋先生,展也展了,走吧!'"

《流民图》局部

　　大殿里的一队警察要撤退了，忽然从中跑出一个三十几岁的士兵，站在兆和身前立了正。他含着一汪泪水，郑重地向兆和敬了一个礼……正义、勇气、尊严，此刻，在兆和的心里冲击着，兆和庄重地点了点头……在往后的日子里，兆和只要一提起《流民图》，他就会泪流满面地说起这一幕。

　　傍晚，大殿的守门员跟宋泊说："先回去吧，现在带着画出去会招事，画先放在这儿，殿门有锁没问题，明天尽早来，我等你们就是了。"兆和与宋泊连声道谢，沉重的大门关上了。公园门外的"蒋兆和《群像图》展览"的招贴不见了，几天后的报纸上发出一条令兆和不能接受的告示："兹因场内光线不调，继续展览，似不相宜。"

《流民图》要是放在画室里肯定危险。第二天大约四点多钟天还未亮，因公司有事未能参加"开幕"的学生郭明桥与宋泊就赶到了太庙，他们摸着黑，把已经半落在地面上的《流民图》草草卷起。他俩一前一后，不顾一切地扛起大画就往园外跑，叫了洋车就去了郭明桥的女友赵树锦家。大画暂存在一个姑娘那里，又怕走漏风声，兆和就去找金默玉想办法，金定之决定找辆汽车把大画转到他家藏了起来，放在前清皇亲家里，《流民图》暂时有了避风港。那几天与大展牵连到一起的人都急于要摆脱干系，生怕一查到底还真的不是在说戏！那个帮了大忙的储教授和他的妻子此时比谁都忙，他按李进之的点子让储太太到日本人那里去说情，就说"流民哪都有，日本也有，不能说画流民就有问题"。储教授又拉着艺专校长王之英跑到市衙门里，保证兆和不是共产党，李记者便四处放话，说兆和看见什么就画什么，只怪中国的穷人实在是太多了，又说兆和不问政治，是个画倒霉蛋的人。

那几天，李进之到兆和那里透风说："日本人在调查你是不是共产党。我求《时报》社长管翼贤去日本人那里去解释。"兆和只能听之任之，兆和还真的候来一位不速之客，幸好有李进之事先告知：如果有人来采访《流民图》停展后的感受，要小心，很可能是日方派来的特务。当采访人提出为何不画东亚共荣的题材等敏感话题时，兆和冷静应对，坚称自己同情弱者，看到什么就画了什么。

百年巨匠
Century
Masters
蒋兆和
Jiang
Zhaohe

《流民图》局部

　　其实，真正支持《流民图》的正义力量在民众之中，禁展后报纸上就有评论说："蒋氏艺术已蜚声国内，作风独成一格，以同情之心深刻观感，描绘世间疾苦群众，闻声见形，而令观者心酸落泪，其能唤起人类之同情心。"一篇《寄蒋兆和》诗云："每怀愁苦便思君，传写饥寒动笔勤，最是惊心肠欲断，千家野哭看纷纭！……"

　　在解放区从事绘画的人们，也在关注兆和与《流民图》的处境。日后的漫画家、文化部干部王米于 2001 年在《中国画研究》上发表的《高丽纸上寄真情》一文中回忆："蒋先生是我的老师，他创作《流民图》时，我是北平艺专雕塑系二年级学生，当时我 18 岁。1948 年我到了解放区，与华北大学美术系同志们会合，见到江丰、莫朴、彦涵等同志，谈及北平美术界情况，他们略知《流民图》。华北大学师生来自五湖四海，有位来自北平的同学古号同志，是中学教师，地下党员，他去太庙目睹了这场具有历史意义的场面的全过程，日伪军警闯入会场，众人不知发生了什么事情惊慌离散。随之强行关闭了展览厅大门。他说从长期地下工作的敏感性，看了展出的画就认为不行，果然被他言中。他说必须讲究策略，策略是对敌斗争的生命线。这种展览只能遭到敌人镇压，甚至带来更为严重的后果。"

风雨同舟

　　三个月过去了，"太庙事件"让萧老一家坐卧不安。萧五小姐在四处打听兆和的处境。萧琼忘不了她在 1940 年的时候就对兆和有了很深的印象。那时，兆和经人介绍为萧老画像，萧琼就在旁边细细观看。那天，兆和极为拘谨地向萧老请安后，就坐下来不言不语地为老爷子画了起来。在兆和的余光里，他看到站在萧老后边的萧五小姐美貌出众，使他几乎走了神。兆和画完后朝五小姐偷窥了一下就随萧老到餐厅里享用家乡饭去了。在画完后的几天里，兆和就成了萧家佣人们的笑料，说他画老爷子时破袜子露出了后脚跟儿，是"叫花子头儿"。萧老看着画像反倒兴奋地与女儿说："蒋先生是我发现的一位难得的天才！"

　　自从太庙画展出了事，萧琼心里就总有一种放不下的感觉。她与姐姐总是不停地说兆和聪慧、善良、内向，连丫鬟们都能说出五小姐夸兆和的话："他不因己贫而卑，不因人富而嫉。他不媚权贵，不慕时尚，唯与艺术相依为命。"老太太觉得五小姐这么关心兆和，是因为女儿早就到了出嫁的年龄。萧老的朋友们就趁着年底拜会之际登门说媒，帅的、阔的，军官、总裁，任五小姐挑选。一天，两辆马车载着两箱重礼停在了萧家大院门前。萧琼听丫鬟说："这是冲着你来的，听说是孔子的后裔为他留洋的公子来相亲！"萧琼在艺专上学时就主张婚姻自主，可这么大的来头，老爷子招架得住吗？倔强的萧琼关门不见！她拿出一锭含金赤墨打定了主意，如果传下话来要她以身相许，她就吞金自杀。幸好，萧老理解女儿，竟用三箱古董作为重礼还赠回去，以女儿身体欠佳为由谢绝了这门亲事。萧琼说一辈子都要感激父亲的这份恩德呢。她不忍家里再为她的大事操心，便到颐和园与老师溥心畬习画，她每晚抄写《心经》，甚至有了去西山为尼之念。

《流民图》的照片就放在萧琼的床头柜上，她看到照片就想起那天的太庙。萧琼很想知道：禁展后兆和怎样了，有谁在支撑着他？这些问题谜一般地困扰着萧琼。某日，萧琼与中学同窗聚会，同学朱淑珍向萧琼诉苦说不想找那些公子哥。萧琼从她的话里听出苦于找不到德才兼备之人便直言道："我给你介绍画家蒋兆和吧。或许你们俩能一见钟情！"那同学久仰兆和大名很是欢喜，萧琼就吩咐三伯伯给兆和捎了口信，约他在北海琼岛西侧的玉带桥上与那位同学见面。

相见那天小雪纷飞，地上的泥泞冻成了一道道冰沟。兆和早早就骑车前往等在那里了。那同学与萧琼坐着萧老的三轮车一同到达后，萧琼看着兆和与她的同学站在一起攀谈起来便上车回府了。

当三轮车夫骑到了西四牌楼，萧琼随意撩开车棚后的窗帘一看，不禁大吃一惊。只见兆和骑着自行车远远地跟在后面呢。当晚，萧琼听门房的大爷说，从门缝里看到一个披着白雪的男人呆呆地站在大门外……雪花拂去了所有的谜团，萧琼明白了，兆和的心就像晶莹透亮的雪，比白雪还要清纯。

萧琼的同学后来说，见了面，兆和就非常不好意思地解释，他说在两三年前就爱上了一个人，他说了声对不起转脸就跑，看着都好笑。

这美事发展得很快，三伯伯带萧琼去了兆和的画室。按照老规矩，兆和与他最信赖的老前辈齐白石说了心中的大事。白石老人为这事两登萧家门，当了月下老。

此后，北海的玉带桥就成了兆和与萧琼一辈子也忘不了的盟约之地。萧琼一再跟兆和说："你别为彩礼的事发愁了。我什么都不要，我要的是你。我还要画你那样的画，要跟你一起去写生，再苦，我也去！"

沦陷的日子苦到了尽头，孤苦伶仃的兆和居然在这早春二月里许订了终身大事。他情不自禁地拿起竹箫，真可谓：自鸣春箫彻夜吟，了无人处觅知音。四十年华身苦度，只有琼心会我心。

订婚后的第二天，萧老就把这喜事在他举办的诗会上向北平诸位名儒们宣布了。老友们却几乎都在指责他是老糊涂了，说门不当户不对，兆和的画有失传统，岂能登大雅之堂？萧老不以为然，白石的说媒坚定着他的看法，刚刚看过《流民图》，更感到这未来的女婿与自己有着共同的情感。可是，众人们的话越说越难听了，说兆和是"十里洋场上的赌汉"，是"沾花惹草没有美女活不了"。"你是大夫你明白……"说到如此地步，萧老的脸色沉了下来，诗会不欢而散。

订婚，反倒让萧家陷入蜚语之中。萧琼饮泣难言闷在屋里，她想，与其看父亲就这样憋屈倒不如我去死，断了与兆和的姻缘也就罢了。可又一想，我去死岂不让兆和永远不得清白？反而害了他吗？她纠结了几夜最终决定，我不但不死，还要与他成婚！

又是在北海的玉带石桥上，两个人相视无言。时间好像已经停滞，不知过了多久，兆和才憋足了劲，尽量让紧张的心平静下来，他直愣愣地看着萧琼认真地说："琼，你后悔了？"萧琼从挎包里拿出了一封信，兆和一眼就看出这信是他在 1940 年 6 月写给萧琼的。兆和当然不会忘记"颐和园事件"发生后不久他就去看了萧琼举办的画展，他当场就要买下一幅作品，萧琼还给免了单。兆和写了一封观感寄到萧家，不知是太冲动还是马虎了，把萧琼的别名"萧重华"错写成"萧仲华"了。兆和吞吐地说："对不起，这封信是我冒昧了，还给我吧。"萧琼说"这信我一直当宝贝留着"，她又从包里拿出了《流民图》的照片，她哭了："我不后悔！我后来知道你坚决地不被日本女色拉拢，不屈服他们的利用，回国后画了《流民图》，我佩服你！我相信你的人格！"

就在这茬节儿上，白石老人又到萧家力保兆和，萧老感动极了，于是，他不顾众议就依了女儿的决定尽快成婚。萧老提议，战乱时期不办婚礼了，就到北京饭店的包间里请亲友吃些茶点为贺。

民国三十三年（1944年）4月的一天，已是不惑之年的兆和与28岁的萧琼结婚了。钢琴家老志诚当兆和的伴郎。那个本来与兆和见面交友的女同学当上了伴娘。诗会上激烈反对这门亲事的大收藏家傅增湘自荐当了证婚人。

很多人听说美丽端庄的萧五小姐要与画"穷人"的"专业户"、被孩子们戏称为"豆纸爷爷"、绰号是"叫花子头儿"的兆和结婚，这新鲜事一下就引来了百十来人。追过萧琼的男士们也抱着好奇心要看这有名的新郎官是啥样子。他们都知道，在老规矩束缚的北平里萧五小姐是开化的女子。她在中学时敢穿着背心短裤打排球，是球队里的二传手，还被选拔到南京参加全运会。她喜欢演话剧，唱京剧，是北平梨园外的知名票友！李进之带着几名记者端起照相机，兆和牵着萧琼的手，在热烈的掌声中拜天地，拜高堂…… 兆和双手捧出一枚金戒指戴在萧琼的手上……萧琼捧着《流民图》的照片，拿着两束圣洁的马蹄莲含泪说道：

"兆和！我看到《流民图》的那一刻，就置身在画中。我们有同样的命运。我愿意！愿与你同行在这人生的旅途上，让我们同流快乐与悲哀的眼泪吧！是《流民图》让我们牵手！谢谢大家为我们祝福，我要与他风雨同舟！"

兆和就这样忽然有了家，竹竿巷的画室也就自然地移到了山门胡同的新居里。不过，那个年月里能不能勉强度日还是个未知数。"太庙事件"后，艺专就再也没有给兆和安排课时，也没有人找兆和画像了。于是，他就把每一笔的精致，都倾注在了为夫人画油画像的幸福之中。可是，当了丈夫的男人大都想着要让自己的老婆过上好日子，兆和挣不着钱心里挺着急，不能看着夫人为揭不开锅就去卖她的画呀，不能看着往日的大小姐挤在人堆里去争着买便宜点的混合面呀。正当此时，上海老友夏伯铭的来信让他们有了盼头，信中说，他要请兆和夫妇到上海去住一段时间，那里有不少画像的差事。信中还提到希望他们把《流民图》也带上，若有机会，他可以帮忙展出。兆和只是高兴，萧琼却对兆和说："你别想那么多了，我不是不知道，你送我的金戒指还是李进之出的鬼点子，叫你赊账弄来的呢，这情我领，以后你就别在我身上花钱了。我看画像不重要，老太太给我的陪嫁还能派上点用场，要是《流民图》能在上海展出倒是大事！"夫人的一席话把兆和感动的不知说什么了。可萧琼又在琢磨，已经禁展过一次，会不会再出问题呢？这么大的画在路上太招眼了吧？要是碰上日本兵检查不就糟了吗？聪慧过人的萧琼认真思考了一番便心生一计，他建议把这大图揭掉裱糊的纸，把它叠起来。这主意倒是不错，可谁有这样的技术呢？再请张师傅帮忙吗？兆和说外面多有耳目不妥，不能再让人家担惊受怕了，怎么办？他们决定自己干。

两口子先是把画反扣在木桌上，一段一段地用温水洇湿，一寸一寸地用针挑、用刀片剥，把糊在画背后的两层纸小心地揭开、卷起，再打开另一段 …… 还要注意不能伤及衔接处，夫妻俩有说有笑，萧琼真真儿地沉醉在了幸福之中 …… 俩人不知疲倦地一直干了三天三夜。

兆和托储教授办好了通行证。5 月里的一个周日，萧琼把《流民图》叠进皮箱的最底层，上面是她的几件棉布旗袍，看不出有何异样，顺利地通过了盘查，他们便乘上了去上海的火车。

光明在望

　　那个忽然来信的上海艺术专科学校图案系的教授夏伯铭，1950 年以后还是北京珐琅厂的特级专家呢。他与兆和颇有交情，兆和与萧琼到沪后就住在他的家里。其实，在兆和还未来沪之前，夏教授看到民众要求救助失学孩子和流亡难民的呼声强烈，就找到《申报》与救济战争难民的流民习勤所联手，一起策划为贫困学生和难民举办一次义卖展览。中共地下党员陈一鸣回忆说："1944 年，日寇统治下的上海，经济每况愈下，学生失学危机日趋严重，处在敌伪控制下的《申报》《新闻报》在爱国人士的强烈要求下，已通过'社会服务栏'向社会提出募捐助学。"兆和接到流民习勤所和《申报》邀请后的第一反应，就是抓住这一机会再展《流民图》！

　　《流民图》在上海紧急进行了二次托裱。义展于 8 月 4 日至 10 日在位于法租界成都路 470 号的"中国画苑"里开幕了。后来，应上海民众的请求又延展了三天。

　　兆和的故事说到这儿，不禁要问了，会不会又该为《流民图》的安全发"启示"了呢？恰恰相反，兆和没有在乎北平禁展的风波，没有顾忌再刺激了日本人会如何。他抛弃了"群像图"，首次以"流民图"的画名公展在沦陷区。这《流民图》只做展览，上海《申报》刊文写道：《流民图》有老小，死伤……横陈斜躺，哀愁悲怨""作者把自己作画的周围更扩展开去，替中国人民群众写出不仅可泣而是可歌的画面，为中国人民呐喊……"

当观众被《流民图》感动的时候，兆和却坐在医院里，他的爱妻萧琼忽然病了。那个年月，在大上海请个有经验的外科大夫要价竟达几十根金条！这样庞大的数字把兆和夫妇吓坏了。夏伯铭只好介绍一位刚从德国留学回来的才20多岁的外科医生，但他收的费用也不菲，至少万元。萧琼只得卖了首饰，这才勉强支付了手术费。萧琼躺在手术台上，兆和还不知道住院费从哪里去找呢……

这时的报纸上，刊出了兆和捐资的账目，十天里，他把所有义卖的钱全部捐给了《申报》，做助学和救助难民的资金，共计17万4400元。

多少年来，兆和夫妇虽然从未提起这项捐资善举，当年的报纸上却留下了民众们的肺腑之言："谨代流民习勤所及本报受助学生对于蒋兆和先生暨购券诸君深致谢意。"兆和这第四次上海之行，是将《流民图》的情怀，真真切切地落实在受难同胞的身上了。萧琼虽然身有病痛，也没有太多顾及虚弱的身体，她与兆和被二次公展《流民图》所引起的震动鼓舞着。当他们正要准备返程的时候，围绕着《流民图》竟发生了扑朔迷离的"事变"。

《流民图》展后就放在夏伯铭家的客厅里。一个自称从北平到上海出差的什么局长找到了夏教授的家，他态度强硬地说储备银行的副行长要借看《流民图》。这储备银行可是日本人开的，难道日本人变着法儿地不放过《流民图》吗？夏教授一听这来头，手脚不停地哆嗦，兆和怕连累了仁兄，就任凭这局长不容分说地拿走了《流民图》。

无奈之下，兆和与萧琼只能带着疑惑与不安空手而归了。

其实夏教授的胆量也不算小。他托人到储备银行追问，得到的答复是"这里有事，不要来问了！我们已经与蒋兆和联系了"……这又是从何谈起呢？兆和只得在北平四处打探那个局长，得到的消息竟然是那个局长已经被宪兵队带走了……寻找《流民图》的线断了，成了匪夷所思的迷案……

《流民图》失踪了，可是，它在上海产生了更强烈的冲击波。在举办《流民图》画展时，兆和与吴诚之主编又见面了。上海的《杂志》刊物于1944年8月，公开发表了《流民图》。并同期发表了吴诚之采访兆和时的记述。兆和在1986年病危时还嘱托女儿代平去办一件事：

> 我去南方画流民时，有个叫吴诚之的记者，他一直在支持我。以后，你有空时打听一下，我觉得他很可能是中共地下党员。

兆和当然不知，但他猜对了，《杂志》是由中共隐蔽战线里的重要人物袁殊为社长、吴诚之为主编的刊物。他们奉命打入敌占区，以办刊物为掩护，刺探日军情报。同时，借表面迎合日伪舆论的《杂志》，尽量在文艺领域展开"大众化"的斗争。

兆和创作《流民图》并能在沦陷区展出甚至发表，恰恰是与当局各方博弈的胜利。当时，远在大后方的同仁也在挂念着沦陷区的艺术家。一篇让兆和甚为感动的文章说："卢沟桥战事既起，造成历史上大西移时，我们在陪都便怀念着北方艺坛两大伟人齐白石老先生和蒋氏。"

一天，《流民图》里那个代表知识分子的主要人物、版画家王青芳专程来看望兆和。他一进门就说："兆和呀，你不要为《流民图》的事过于劳心了，日本人什么事都干得出来，你不是也有预感吗？"兆和明白朋友的好意，可以暂时不提《流民图》的事，但他忘不了画《流民图》时那些来当模特的朋友们，他问王青芳："好久没有与师循他们联系了，"兆和的话未断，就见王青芳的脸色阴沉了下来，他抬起头，眼睛里泛出泪光："兆和，这年头不知哪一天，咱们的朋友就见不到了！"兆和甚为不解，王青芳低声地说："你去上海后，宪兵队包围了辅仁大学，日本宪兵查抄了宣传亭林先生爱国思想的组织'炎武学社'，抓捕了学社领导人英千里和不少师生。吴先生也在其中。我托人打听他们的消息，惨呀！就在沙滩红楼的地下刑讯室里，他们坐了老虎凳、灌了辣椒水，听说吴先生被打得两眼肿得睁不开！英千里教授被判了死刑。"兆和摇头叹道："师循老弟是我画里的人！可是，这画也见不到了！"兆和拿起一支烟又放下了，若有所思地看着放在桌子上的那支箫……在兆和的心头《流民图》徐徐展开……

战争、饥饿、逃亡，普遍了整个世界，荒芜了的艺园，已垒满了白骨，干枯的土地，染透了鲜红的血腥！

王青芳依然昂着头，他仰天长叹：尊严，何为尊严？人道，何为人道？这人间悲剧，该何时落幕？！

民国三十四年（1945年）时局大变，日本广岛、长崎先后被美国的原子弹击中。苏军大举进攻东北。8月15日，日本天皇被迫接受《波茨坦公告》。

9月9日，南京中央军校大礼堂内矗立起了52个国家的国旗，侵华日军投降签字仪式隆重举行。全国欢腾，北平鼎沸，爆竹与锣鼓在大街小巷响了三天三夜！兆和抱着他的女儿和萧琼一起加入到欢呼的队伍中，中国人终于盼来了"你我光明"的这一天！

10月6日，天津举行纳降仪式，由美国海军两栖部队第三团

百年巨匠
Century
Masters
蒋兆和
Jiang
Zhaohe

司令部骆基中将代表中国战区签字。

10月10日，北平太和殿举行受降仪式，10万民众云集紫禁城。记者李进之约同兆和也赶到了那里，兆和当场为三十位美国军人无偿画了一整天的像。当兆和回到家里已筋疲力尽，他疲惫地看着画板……战争与和平，有为殖民的统治，有为民族的生存，几经战火，老百姓是怎样的痛苦？又做出了怎样的牺牲？沦陷之耻辱，十多年抗争，敌占区的知识分子在强权与武力、诱惑与欺骗中度日如年。这伤痛在每一个中国人的心里哪能像一段浮云掠过？他拿起画过《流民图》的笔，又开始继续记录心中的感慨了。

这一次，他没有像画卖报童那样直接记录欢庆胜利的场面，而是把视点集中在抗日烈属的身上。萧琼配合着带着侄女来了，兆和让这小姑娘手持一面国旗，让她祈祷着什么……可以想象，等了八年等来了凯旋的国军、八路军、游击队，有多少家庭，多少天真的孩子等待着，却没有等来爸爸的踪影。谁来抚平战争的创伤呢？这幅创作于1945年胜利之日的《爸爸永不回来了》，使兆和的心里再一次涌起了波澜。

兆和与萧琼在诸多朋友的帮助下也终于可以自由地联合举办画展了。展出了兆和与岳父萧龙友合作的书画作品《胜利的呼声》。

民国三十五年（1946

《援华美军图克耳森像》

《爸爸永不回来了》

年），一本《和平钟》杂志登出兆和的《流民图》，仅10天，5000册全部售完。李进之又在报纸上把兆和自七七事变到产生《流民图》之前的一系列画作称之为"前流民图"，把长卷《流民图》称之为"后流民图"。而这一系列流民的画作，是以雕塑般的力度与宏大的壁画规模，纪实性地展现出中国亿万民众在二战时期遭受的苦难，是侵略与殖民罪恶的铁证。《上海图画新闻》在发表《流民图》的同时，刊出了兆和的《流民图》宣言——《后流民图作者自序于胜利之日》。

饱尝亡国奴之苦的兆和再也不必周旋，他终于可以直言倾诉沦陷区人民的心声了。这宣言中的字字句句与《流民图》画面上的血泪浸在了一起，印证在一起！他奋笔直书：

抗战八载，天地重光，正义之神，终突破了帝国主义者之武力侵略，炎黄世胄，得庆昭苏，禹甸河山，依然如故，国

人欢欣鼓舞之情，是殆不可言喻也。然而回忆卢沟桥事变之
起，以迄今兹，其间战祸所及，凡大河南北，大湖南北，大江
南北，并五岭之间，百越之外，居民之转徙流离，身家荡然，
而不知其死所者，动以亿万计。更进而观沦陷区域之同胞，
在绵延岁月之中，当敌人铁蹄之下，田园不保，庐舍为墟，少
壮散之，四方老弱，转乎沟壑，奸淫掠夺，屠杀焚烧，其身受
之惨戚情形，虽人间地狱，不足以喻其万一也。兆和疾首痛
心，窃不自量，思欲以素楮百幅，秃管一枝，为我难胞描其境
象，远师郑侠之遗笔，而作后流民图。但当前惨状，比较宋
时，更增倍蓰，执笔为此，实有非想象所能形容者，意藉真
情，以抒悲愤，于是不惮徒步万里，深入难区，凡所目击心
伤，弗惜特加刻画，所谓东方谲谏，其在斯乎，且彼时敌人暴

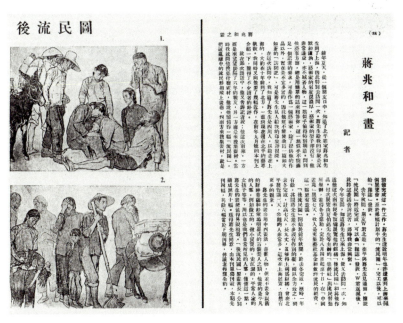

杂志上发表的《流民图》

百年巨匠
Century
Masters
蒋兆和
Jiang
Zhaohe

40年代的蒋兆和

虐有加无已，鄙意此图若出，或引其人类哀矜之一念，而使吾国民获多少之补救，故大发大愿，大悯大悲，人与同情，多得助力，乃于卅二年绘成此图，高八尺，长九丈，友好见之，赞扬怂恿于太庙展览，不意竟被日方军宪禁止……我国胜利，世界和平，可展于大众之前，岂其一物之显晦存亡，亦有定数存其间者耶？噫，万物刍狗，庄子叹其不仁，黩武穷兵，昔贤引为大戒，览斯图者，或将有感於战争之恐怖，而更促进世界永久之和平焉。如若以之为中日事变之历史的纪念，则非作者所称意之愿望耳。

蒋兆和与众多的沦陷区人民终于获得了解放。数不清的流民又奔走在回乡的路途中。大后方的朋友们与蒋兆和重逢了，可是，国民政府对曾经遭受沦陷之苦的民众没有正确对待，蒋兆和夫妇一度又陷入困境之中。徐悲鸿恢复了蒋兆和在艺专时的原有身份，并撰文肯定了《流民图》，还把蒋兆和的艺术介绍到苏联，徐悲鸿擎起了革新中国画的大旗，共同坚守现实主义的艺术。

北平和平解放，迎来了解放区的新艺术。徐悲鸿积极配合，蒋兆和也融入其中，这一时期，他的思想与艺术都发生了诸多变化。

战后余音

中国被战争分成前方与后方，解放区与沦陷区。沦陷区的人民是怎样在压迫中度日的，大后方的人们并未亲身感受。但无论身处何地，渴望团圆的心潮终于冲破了多年隔阂的坚冰，北平人与亲朋好友们重逢的这一天到来了。

与兆和重逢的第一个老友，便是他的"粉丝"李文。李文已经变了模样，一头茂密的黑发向后背着，看上去有些商人的样子了。他打听了好几天才找到山门胡同兆和的新家。李文见到兆和就立正敬了军礼，他敏感地看到站在兆和身后的萧琼，还没听到兆和介绍，就鞠躬笑道："师母，您好！"李文注意到床边还有两辆竹车，两个胖娃娃正躺在里面熟睡呢。兆和高兴地说："穿着粉红裙子的是去年5月出生的大女儿代瑶，裹着绿花被的是今年出世不久的二女儿代梅。"李文凑过去朝萧琼拱手祝贺："辛苦了！一年一个，喜上加喜呀！"当三人坐定后，李文告诉兆和他去了太行山，兴奋地讲起"打游击"的事。兆和聊的全是北平人的苦，李文好像知道也理解沦陷区的情况，并说，他曾在解放区看到过《流民图》的照片。那天，他郑重地低声说道："我认识的朋友里，有办法带咱们一起去延安！他们也同意，有一条路可以去那里。"萧琼急切地说："要去，我跟你们一起去！"李文上下打量这位蒋太太，烫发，旗袍，高跟鞋，他摇了摇头："那边很苦，我怕你和孩子吃不消。"萧琼立刻就说："不怕！要苦就苦在一起，我听你们的。"

看萧琼和兆和都很坚决，李文答应了，并告诉兆和三天后来接他们，并嘱咐这事只能咱们知道，离开时不能带什么东西。第二天，太阳光都已晒进半间屋了，李文才匆匆离去。萧琼决定把孩子暂时托付到哥哥家，画稿和画册就存放在自己的家里。他们又把几幅代表作品撕掉画轴，叠放在了皮箱里。萧琼变得也快，穿上了布衣、布裤、布鞋，把常带在包里的口红也扔进抽屉里了。可是，李文却久等未来。直到1950年后的再次重逢，才知道李文那次进城负有重任，离开蒋宅之后就接到上级通知说有危险，命令他一个人立刻返回。已经身为局级干部的李文说他先去了太行山打鬼子，抗战胜利前就去了延安，所以他有足够的把握带兆和投奔解放区。后来，李文见到兆和夫妇一次就道歉一次，直到20世纪80年代，"去延安"仍是他们谈笑的话题。

胜利后第二位重逢的老友是谁呢？一天，兆和与萧琼带着孩子路过王府井，忽然就遇上了活菩萨！居然见到阔别已久的黄警顽先生了。兆和与黄先生的意外相逢真有说不尽的喜悦！黄先生热心地询问兆和在哪里做事，兆和只是说他没有工作。黄先生诧异了："侬怎么不去艺专呢？上个星期悲鸿从重庆回来了，就在艺专啊！悲鸿接替邓先生来北平艺专，吾就是悲鸿叫来的！吾在艺专帮悲鸿呵！"兆和该怎么回答呢？政府搞"甄审运动"快一年了，凡是在沦陷区教育部门工作和学习过的人，都被另眼看做是"伪教员""伪学生"。黄警顽提到的那个邓先生就是从重庆来的接收大员邓以蛰，他解散并重组的艺专叫"第八班"，统统都是邓官员的人。邓先生调走后徐悲鸿才来接管，再说，曾是兼任教员的兆和自从"太庙事件"后就很少再去学校，怎么好意思向徐先生求情呢？黄先生说："我这里有徐先生的地址，侬去找找看嘛。"

百年巨匠
蒋兆和
Century
Masters
Jiang,
Zhaohe

看着兆和迟迟不语他有些急了："不行！吾去与悲鸿说说看！"兆和呢，这次却固执得很，憋了一肚子的话冲着黄先生就说出了一句："徐先生知道我是怎样的一个人，我等着徐先生来聘我。"

从兆和与黄警顽的对话中感觉到，曾在沦陷区煎熬的知识分子，又被蒙上了阴影。抗战胜利后，不要说兆和，北平所有的大、中学校的教职员工都几乎下了课。艺专留守校长王之英（即王石久）改行去了外地。刘凌沧去了天津的报馆求生存。一心想使家具产业化的储小石虽然也被"遣散"回了家，但他得知台湾已经结束了"日据时代"，那里还有不错的轻工业规模，就抱着未实现的梦拉家带口去了台北。在艺专学习工艺美术的郭明桥也准备去投奔储教授。兆和本来就是兼职，也就自然被忽略了。这时的兆和人到中年，有老婆和两个女儿，叫他如何是好呢？命运又一次将他捉弄。张大千讲义气，硬要带兆和一家人跟他一同去闯南洋，兆和哪能轻易离别岳父母大人呢？他思前想后，觉得去南洋还不如带着妻儿暂时回老家。在萧琼的回忆里有过这样的描述："兆和打算把我和两个女儿安顿在他的七叔那里，他去浪迹天涯，如果找不到画像的机会，干什么都行。"就在萧琼准备随夫举家南迁的时候，学生郭明桥在离别前为了接济兆和，引来了一位新朋友，音乐家江文也。江先生又引来一位中文名叫雷永明的意大利神父，他是将《圣经》翻译成中文的学者，他请兆和画了几幅圣经故事。这正是后来在意大利帕尔马国家美术馆发现的《圣母玛利亚的悲哀》《逃往埃及》，包括在联合国粮食总部里悬挂着的《大洪水》，都是兆和在1946年至1948年期间完成的一批宗教画。兆和不是教徒，他没有把《圣经》里的故事视为宗教，看似画神其实是在画人。犹太人的故事在兆和的笔下被"本地化"了。画作里

《大洪水》

前有若瑟徒步，后有圣母子坐在驴背上，酷似现实中的"流民"一路艰辛。兆和特意选择了躲避杀戮逃难和史上遭遇大洪水的情景，使这几幅特殊的题材折射出天灾、战争与和平之间的较量，这与文艺复兴时期重人文的价值观完全地契合了，兆和把他心中的最爱——人性中应有的善良，描绘成圣母与圣婴，这样的构思，也可以说超脱了一般人对《圣经》故事的想象。

在失业的日子里，兆和画出的宗教画虽然也可看作是精神上的一顿"盛宴"，回到实际生活中，这些作品的稿费仍为杯水车薪，难乎为继的兆和还是想到了还乡。

可悲的是，战时的流民又成了战后的流民！1946年的《大公报》上披露"中国战后之空前饥荒已遍及19省，受灾人口达3000

万"，"需要帮助返回原籍的难民有 600 万人左右"。战争损毁了不少铁路线，交通堵塞，哪里还能买到车票和船票呢？想走？插翅难飞。兆和提起笔在他的一幅《还乡》里，流露出流民们返乡时的愁情：

逃亡，逃亡，逃到何方？还乡，还乡，还乡不得更凄凉。腰束带，背前抗，为我儿孙挣希望，交通毁坏路途长，行不得也待天亮。饥寒交迫我彷徨。何时到家乡？

人们盼来了光明，可这光明又被残云遮住。兆和回乡无望了，自己的创作从来不卖，要糊口养家，他就翻阅报纸查找招聘的信息。忽见报上有广告说北平门头沟煤矿招采煤工，月收入不少，要不，去背煤？兆和是不怕苦的，可是，萧琼岂能放心骨瘦如柴的丈夫放弃几十年的画技去下井豁命？她大嚷起来："你去我也去！凭我的学历，我可以给老板当秘书。"兆和这下可急了，北平有名的美女萧五小姐要是去了那个鬼地方，岂不被人当花瓶耍了吗？萧琼没有告诉家人他们的生活已如此惨淡，她总是对母亲说："您放心吧，我们过得很好。"这时的萧琼又怀孕了，她拖着不适的身体坚持作画，打算卖了画补充家用。她还托人打听到一份工作，到哈尔滨的乡镇里去当一名美术教员。

兆和的往事说到这儿似乎又说不下去了，一个要终结从艺去背煤，一个打算去闯关东，眼瞅着两口子就要分居两地了，他们果真要自杀式地了断艺术生命吗？就在这非常时期、就在这寸节儿上，社会舆论却牢牢地牵住了兆和那颗对艺术难以割舍的心。多家报刊上不时地在评论兆和的画，并发表了《流民图》等作品。《塞光》杂志评价说："沦陷时期绘流民图多帧，暴露民间疾苦，展览时为日本军当局禁止，倭寇压制我国之艺术文化，可见一斑了。""我国是一个不幸的国家，内忧外患。艺术家心灵的苦闷也就反映在他们的作品中，蒋兆和先生便是这动荡时代的一个代表作家。"

1946 年，北平《新民报》举办为战争难民捐款的义卖画展，动员了全北平的画家，兆和夫妇也积极响应。报纸上刊出读者来信，希望再看到《流民图》，记者不知道这大图已经失踪了，就登门借展，兆和便拿出两幅"前流民图"中的力作《卖子图》和《流浪的小子》去参展，并再次拿出画像的钱支持报社救助难民，两口子也可谓"不因困顿移初志，不为逆境改寸丹"，他们选择了坚持。萧琼整日埋头画画，与昔日的学友们忙着再办画展。兆和一大早就跟"坐班"似的，背起画夹就忙着去画像。

到了 1947 年的夏天，有段"插曲"扭转了兆和的命运。有个在抗战胜利那一年毕业于艺专的学生张鹤云，因"甄审"也被当作伪学生没了学历。他听说徐先生到艺专主持工作了，就想请兆和去找悲鸿说说。兆和自己还没有着落，这忙怎么帮呢？他就写了一封信，让学生凭自己的手书去问问悲鸿该如何。张鹤云果然去了，悲鸿一见是兆和的来信，很热情地招待不说，立即就恢复了他是艺专毕业生的资格，还满足了他想继续进修的意愿。张鹤云后来回忆："我问徐先生，您怎么不聘蒋先生？徐先生说：'还不是时候，再等等。'"

兆和为学生而高兴，也感觉到悲鸿相信他是怎样的人。萧琼明白兆和的心结，劝慰道："从重庆过来的人不会马上理解沦陷区的事。你画《流民图》的前前后后，好多事你中有我，我中有你，战争相隔了很多年，错综复杂的也许还真的会误解不知多少年？！我觉得徐先生会理解你的。"

民国三十六年（1947 年）8 月的一天，曾被称作"交际博士"，现在已是悲鸿助理的黄警顽，又当起了"伯乐"。这一次，他是带着兆和与萧琼两个人，一路上他不停地说悲鸿一直在惦念着兆和，兆和怀着感激之情，终于与昔日的恩师见面了。

十年未见，悲鸿与兆和都极为激动，兆和就像第一次见面，腼腆地坐在悲鸿对面，他觉得悲鸿是政府派来的，而自己当过亡国奴。被外敌杀害可称英烈，被辱自耻难当。萧琼在很多年后，还记忆清晰地说起那天重逢时的情景："我忘不了，两个人一见面相视许久，我看出两个人已是百感交集。"那天，悲鸿说他也是刚来北平不久，说到吴作人、冯法祀他们也来了，还提起了《流民图》。兆和讲了他在北平的经历与《流民图》的遭遇，悲鸿站起身来仔细翻阅兆和的画册，又拿起十张《流民图》的照片，他戴上花镜一张张仔细地看。徐先生的夫人廖静文曾回忆说："蒋先生和徐先生见面的时候，他把画册送给了悲鸿。悲鸿看了他的画册特别高兴，对他的画特别欣赏，评价很高，悲鸿说：'过去画人物画的都画个道袍，这是最省事的，道袍一盖就得了，但那不是现实生活。'悲鸿重视传统，但不满意人们停留在古人的圈子里。他认为时代在发展，艺术必然应向前发展。当时画人物的很少，蒋先生又能为人民写真，他的艺术是现实主义的，这在当时真是凤毛麟角，悲鸿认为他完全脱离了古人的窠臼，是对人物画的发展和革新……他说：'兆和在人物画上突破了好多人了。'"

兆和在后来的回忆里这样说道："徐先生随即走进屋里，将当年在南京给我画的素描肖像送给了我的夫人萧琼，以示对我们之间深厚情谊的纪念。"

萧琼看到悲鸿的那双手紧握在兆和的手上……兆和憋不住了，八年沦陷的苦水如大坝决堤，倾泻而出……

40 年代末蒋兆和与北平艺术专科学校的师生们

　　街上乱哄哄的，美国人的吉普到处可见。一队队举着标语的人群发出抗议的呼声——"反失业，反饥饿，反迫害，反内战"。知识分子当中互传顺口溜："盼中央，盼中央，中央来了更遭殃！"李宗仁代总统只得向全国民众尤其对沦陷区的民众做了检讨，"甄审运动"告一段落。悲鸿则立即按照沦陷时期的兼任教授职务，聘兆和重返北平艺术专科学校。同时，回聘了王青芳、寿石工、黄宾虹、秦仲文、黄均等返校兼任职教。北平国立艺术专科学校与之前也大不一样了，师资队伍焕然一新。徐悲鸿从大后方带来一批极富才华、具有创新精神的年轻画家。兆和更像旧桃换上了新符，与悲鸿相互默契，并肩从教。在如何改观中国画的问题上，兆和与悲鸿的学生们一起共勉，不约而同地擎起了中国画要坚持写实与表现现实的大旗，开始形成了中国现代水墨画的美学体系。

　　但万事开头难，几百年的文人画这棵老果树要嫁接出新枝，不免会使"老果农"们难以理解。1947 年 10 月，北平艺专国画系的老画家寿石工等教授罢课，北平艺术协会声援，散发了"反对徐悲鸿摧残国画"的传单，北平的美术界立刻激烈地论争起来。这是中国现代美术史上围绕着"写实"与"写意"，围绕着现代中国画要不要"素描"的问题掀起的首次"倒徐运动"。徐先生举行了记者招待会，并在《世界日报》上发表《新国画建立之步骤》的文章，他单刀直入地阐明了自己的观点：

> 中国绘画进步乃二十年以来之事，故建立新中国画既非改良，亦非中西合璧，仅直接师法造化而已。但所谓造化为师者，非一空言即能兑现，而污蔑注重素描便会像郎世宁或日本画者，仍是一套模仿古人之成见。试看新兴作家如不佞及蒋兆和、叶浅予、宗其香等诸人之作，便可证诸此成见之谬误，并感觉到中国画可开辟之途径甚多，有待于豪杰之士发扬光大，中国之艺术应是如此。

徐悲鸿又撰写了大型美术学术文献《中国近代美术教育史纲要》，其中特别记述了"蒋兆和在北平展出的《流民图》被日本人禁止"这一史实，证明了兆和的水墨人物画坚持"为民写真"的社会意义，并成为敌占区民众抗日斗争的一部分。

从上海、重庆到北平，兆和针对当时中国绝大多数人的生活状态，认识到悲鸿希望中国人物画要从少数人的园地里走出来，去反映大众的情感，这是大革命席卷整个中国的时代写照。在这一阶段，兆和坚持了悲鸿的主张，认为掌握好写实的水墨人物画技法才能表现好现实。所以，兆和在悲鸿的支持下，对现代水墨人物画的技法做出了总结，他开始酝酿水墨人物画的教学系统，兆和把这一尝试看作是新的艺术使命了。亦如廖静文先生所说：

> 徐蒋关系在现代中国美术史上是很有意义的一章。

古城天亮

艺术上的争鸣使北平的画家们开阔了视野。在悲鸿的鼓励下，萧琼觉得最好能尽快地再版曾被日伪当局禁止的《蒋兆和画册》以飨更多的读者。她忙着卖掉了所有的首饰为夫君出了新的画集。萧龙友还亲自题写书名，兆和却在序文中谦逊地说：

> 我不能在艺术的园里找寻鲜美的花朵，我要站在大众之前采取些人生现实的资料，所以我就制作了些粗陋的作品。

兆和所采集的现实资料，在有些人看来确实粗陋。他塑造的一个个朴实、忠厚、顽强的人物，是在粗陋之中发现的美，这是兆和作品最显著的一大特点，也是他一贯的追求。正像唐代画论家张彦远所云："夫画者成教化，助人伦，穷神变，测幽微，与六籍同功，四时并运。"兆和"非由述作"，而是在百姓的生活中体会人性之美，便有了《未来之空中堡垒》《老夫老妻》这样

《大负小》

《倒骑驴》

的作品。

一天，萧琼看到一个背着弟弟的姑娘，往返在打小工的路上，兆和就把这姐弟俩请到了画里。姑娘相貌平平一头散发，可她背着弟弟的样子挺可爱，看似不修边幅有些"粗陋"，却洋溢出传统道德与人文关怀。难怪悲鸿在一次走访兆和家的时候，一看到这幅作品就细细品味起来，他笑着读出了画中的题词：

大负小，小扶老，人生之常道，古今循环无尽了。

悲鸿虽然已经收藏了兆和画的《缝穷》，却向萧琼表示很想再留存一幅的心愿，日后，兆和就把这幅得意的新作《大负小》送给了恩师。悲鸿在画上提笔赠言道：

蒋兆和之人物已在中国画上建立一特殊风格，其笔意之老练与墨气之融合，令人有恰到好处之感，惟其负孩之幅。

从1948年到1949年间，兆和的作品选题也发生了变化，他更加敏感地触及到了社会的各个层面。民国三十七年（1948年）3月29日，国民政府自行召开"行宪国大"。兆和直接针对真假民主之辩，创作了一幅极具讽刺意味的作品《倒骑驴》。兆和在画中诙谐地说：

为问张果老，何事倒骑驴？今之弃官者，骑驴何相符？

何以故如此，避开龌龊奴，

不见牲口面，所以倒骑驴。

其实，自重庆谈判之后，"倒骑驴"就越走越远了，来之不易的和平没有保住，战争的炮火又炸裂在血肉之间。兆和翻出旧稿，正式地画出了一幅《倚闾图》。画中的大娘倚在门框，望穿秋水，她说出了百姓们的心里话：

前村抢米，后村征兵，

我儿一去何时归？

兆和感同身受，把深切的关怀送给陷阵儿郎的母亲。

《倚闾图》

当解放军攻克华北大地，兆和抱着极大的热望画出了一幅杰作。连他自己都觉得这幅新作《一篮春色卖遍人间》无论取材还是成品都绝非粗陋。兆和自1937年以来就多次画过卖花女，而这幅画里的姑娘其圣洁的气质直逼心目。整个画面墨随心行，精简至臻，姑娘的衣服后襟一笔带过虚而不空，仅看劲挺豪放的墨线就已叹为观止！而这幅画更有别出心裁之处，兆和只把篮子里的花渲染成红色，这国色天香蕴藉深远，寄托了对未来的希冀。

也正是从这幅作品开始，兆和就总把美好的期望比作春天。70年后，中国国家博物馆收藏了这幅继《流民图》之后的又一登顶之作。与《一篮春色卖遍人间》同时出现的《拄杖老妇》，标志着用中国画的线描塑造出的现代人物，完胜西方人物素描的时代

《一篮春色卖遍人间》

就此开启。

1948 年底，中国在历史的进程中加速冲刺了。中国人民解放军兵临城下。李进之急着跑到兆和家通报消息。兆和夫妇曾通过李文听说过，又通过李进之第二次听到"我们的毛主席要来了"。一个关注过兆和画作的美国人邀请兆和一家五口赶紧到美国去，储小石也捎来口信说国民政府欢迎兆和这样的艺术家南下台湾，这一次，

《拄杖老妇》

兆和没有再听储君的劝说，他与萧琼想好了，要与悲鸿在一起。

1949 年初，北平人家家都在窗户上糊了防爆纸条，谁都不知道一觉醒来会不会突来大战。1 月 21 日，守城的傅作义宣布接受《关于北平和平解放问题的协议书》，命 25 万守城部队改编起义。

这一年市民们不必担惊受怕了，可以过上一个热闹的春节。就在大年三十前一天，傅将军身穿长袍和他的女儿一起到萧家拜年，把"起义"这件重要大事的详情告知萧龙友。萧老大喜，当晚举家盛宴。兆和也感觉到苍天即亮，一场空前的大变局即将来临。

兆和拿起笔，他想起了古有《击壤歌》："天下大治，百姓无事，田间老父击壤而歌，日出而作，日落而息……"便画出一幅大画《日出而作》。画里的老农霸气十足，紧握锄把扬眉吐气，他与金禽一同报晓：

> 日出而作，日入而息。凿井而饮，耕田而食。何期此日焉。

这是兆和作品中仅有的一幅象征主义的中国画，预示着"耕者有其田"之梦可能就要成真了，这幅《日出而作》，可能就是中国人要与旧世界告别的期许。

1949 年 2 月 3 日，浩浩荡荡的中国人民解放军军乐开道，骑战马，开装甲，炮车挺进，坦克隆隆，从永定门到前门大街进入北平，并举行了盛大的入城式。

北平城的街道上

《日出而作》

百年巨匠
蒋兆和
Century
Masters
Jiang
Zhaohe

又见人山人海，挤得水泄不通。虽然天色已晚，兆和一手提着红灯笼，一手抱着才1岁多的三女儿，萧琼推着在竹车里看热闹的大女儿和二女儿，他们走到缸瓦市大街与数不清的人们等候着解放军的到来。当四里开外的西单路口传来了《三大纪律八项注意》的雄壮歌声，街上所有的人都在争相遥望，热烈欢呼。

2月10日，十多名解放军战士入驻萧家大院，大院里也热闹起来了。萧家在半月前就腾出外院南房，为战士们准备好了休息的房间。一大早，借宿的士兵们就扫院子擦石凳，萧老平生第一次见到纪律严明的部队，他感动地亲自提壶斟茶给战士们喝，小战士们精神抖擞地致军礼连连道谢，这样的气氛在这大院里从未有过。

那些日子正赶上萧老八十大寿，按以往的规矩要请梨园名角唱堂会的。萧琼要去请戏曲名家，准备在恭王府戏楼为老爷子大庆一场，也是表达女儿感谢老父的恩德。可是，萧老拉住女儿的手表示要过一个与解放军在一起的庆生会。萧琼一时纳闷，老爷子笑着说："五妹疼我，就请兆和为我再画一幅像，就是我最高兴最盛大的庆祝了！"

萧老学会了新的风尚，寿庆改成一碗川东菜面外加兆和再画一像。这次，兆和一改画风，用纯正的白描画出的岳父满面春风。整身坐像相比1940年画出的胸像，更显儒雅。画中的萧龙友须眉清疏，骨相磊砢，在萧琼画的松石之上冥然兀坐，神采竞秀。有意思的是，兆和这次画出的萧老，长袍垂盖特显川人短矮之俏，好一副趣味寿星之相。萧老挥指而起言道："神似神似，真寿者像也！"活泼好动的战士们簇拥在萧老的画像前拍手祝贺，这不同寻常的"伞寿"之庆，没有诗会作赋，没有雅部清唱，也没有焚香操琴，带给萧家、带给女婿兆和的，是一次充满了青春气息的盛典。

息園居士像讚

歲己丑正月十四日為夫己氏八十生辰
天清地寧家和人壽　兆和賢情為
我寫真以為紀念畫既成筬容可掬
眾皆曰神似真壽者相也女兒
重華復添畫松石儼成一幅行樂圖
矣對之極喜回作讚以題於上
方其腫神清揚圓其面色老蒼是
壽者相類大醫王生於蜀圖長於
汪鄉現宰官身於齊魯為濟世弓
學歧黃飽經憂患滄桑戴天
履地明陰洞陽不羡非猜非狂
老輙日居士化乃以宰光顔栖心於淨
土留此像而恒張冀他年之合會予
紀今日之稱觴眾皆曰此實錄此乃
書於畫像之上方
　　息園自題

《蕭龍友先生八旬壽辰像》

4 月阳春，徐悲鸿荣幸地出席了第一届世界保卫和平大会。他在途经苏联首都莫斯科时，特意把兆和的画册和十张《流民图》的照片介绍给苏联的艺术家们，并激动地说：

蒋兆和是中国的一位了不起的画家！

苏联的同行们大为惊叹，他们在报刊上评论："在莫斯科的美术家协会和艺术工作者中央之家展出了这些画的印刷品。展览立刻就以这位卓越的、过去为苏联所不熟悉的大师所具有的力量与艺术创造的完美惊动了为数众多的所有观众的想象力。"他们希望兆和艺术的原作能到社会主义的苏联展出，悲鸿把这喜悦的信息带给了兆和。

令人喜悦的消息一个接着一个，4 月 23 日，中国人民解放军占领南京。

5 月末，从解放区来的画家们在中山公园举办了"新国画展览会"，展出了近 80 位北平画家的最新作品，兆和当然也要积极参加，报刊上评论："这在北平的国画界实是一件应该庆贺的有划时代意义的大事情。"

7 月 2 日中华全国文学艺术工作者代表大会在人民解放军向南方进军的号声中召开了。同日，在北平国立艺术专科学校举办了全国美展，国画只有 38 幅入选。而兆和的想法有些特殊，他送展的画并不像其他画家的作品那样是明显鞭挞旧社会或讴歌新北平的画作，却把自己最为得意的《一篮春色卖遍人间》送去参展。有的画家觉得兆和的举动与大形势太不合拍，也有人明白兆和的艺术思维，所以，这幅作品依然当选但排次最后。这幅曾在新北平第一届全国美展中唯一跟不上节奏的作品，却是兆和心中永不凋谢的一朵春花，在以后的几年里，这幅画一直挂在床头上。

百年巨匠
蒋兆和
Century
Masters
Jiang
Zhaohe

1948 年末的蒋兆和

正当兆和还在新旧美术的对比中思考的时候，萧家又有了意想不到的大事。8 月 9 日至 14 日，北平军管会和人民政府在中山公园中山堂召开了北平各界代表会议。通过了《北平市各界代表会议协商委员会组织条例》和《北平各界代表会议宣言》。萧龙友当选为代表，他聆听了叶剑英市长和毛泽东主席在会上的讲话。会后，萧老就像变了一个人，他兴高采烈地向家人讲了大会的精神，全家人看这昔日里的晚清拔贡忽然振振有词作起了"报告"，萧琼开起玩笑说父亲很像"共产党的老干部了"，客堂内外笑声大作，全都振奋不已。

兆和从萧府回到家里，一直在回味萧老爷子的"报告"。他注意到代表大会特别提出"全市各阶层人民要团结一致，要恢复生产，建设新北平"，这激励人心的号召也使素来少语的兆和临窗觅句话多了起来。他一反常态地亲自动手，把十几年没有擦过的笔帘刷净了，笔筒和涮笔的瓷罐、瓷碗、瓷碟也都一洗污浊，看来，兆和要迎来一个全新的创作时期了。

第七章 | 沧桑巨变

新中国的诞生，新美术的形成，要求所有的画家们跟上时代的步伐。蒋兆和在新形势下依然「为民写真」。他努力推陈出新，其作品风格发生了与民国时期完全不同的变化，成为当时最火的画家之一。在这一章节里记述了在社会改造的热潮中，蒋兆和的作品表达的对新生活的热诚和人民奋发图强的精神。在与国际同行们的交流中，蒋兆和也为弘扬中国的绘画艺术做出了杰出贡献。

笔墨新生

百年巨匠
Century
Masters
蒋兆和
Jiang
Zhaohe

　　1949 年 8 月初的一天，几场大雨把天安门前的石砖地冲刷得一尘不染。北平的老画家们打着油布伞去参加集会。以"革新国画"为宗旨的北平"新国画研究会"成立了。解放区来的江丰、王朝闻和重庆来的徐悲鸿、叶浅予做了研究会的领导。《人民日报》报道："到会的画家有陈半丁、王朝闻、徐悲鸿、叶浅予、周养庵、邱石冥、蒋兆和等 150 余人。"这个研究会更新了旧北平时以周养庵为首的中国画学研究会，北平社会主义新美术的序幕也就此展开。新国画展览和新国画研究会的成立，这两件有着脱胎换骨意味的大事触及了北平的每一位画家。在这样大的变化之下，兆和又该如何呢？他还是把"感觉"放在了第一位，他说：

　　艺术之情趣，是全在于实际的感情。

　　他依然是看到什么，有感而发了就画什么。当看到连萧家大院里的孩子们都拿起木头做的长枪扛在肩上学着解放军叔叔的样子齐步走，兆和颇感新奇，觉得这场面简直就是一幅"延安的版画"。正逢清明，兆和就把这新鲜事画在《春天里》，洋溢起孩子们的歌声：

　　春天来了一片青，哥哥要去当大兵。问他当兵干什么，
学学人民解放军。

　　那些在回家路上的昔日流民也变了，兆和画出一幅《回乡》，画面上的农民夫妻手拉手，画题也写得很轻松：

耕者有其田，自古民生计。今日新民主，携手回乡去。

同样一幅创作于 1946 年的《还乡》，图里的流民怅望迷茫，仅隔三年，《回乡》图里喜气临门，两幅"回家"的人物，其境遇竟然天差地别。

解放军进城后，发生的新鲜事太多了。没文化的人进了"扫盲"补习班，有文化的人组织起来学习新思想。不少从未走出家门的女人与男人一同去参加工作，兆和看到即画，《走向工厂》和《努力生产》确实是那个时候真实的一隅之作。从 1949 年 4 月开始，兆和的新作就如一幅幅时代的投影，就像一道分水岭，悲剧性的画风变成了从未有过的太平景象。

社会变化之快让北平人目不暇接。9 月 21 日，中国人民政治协商会议第一届全体会议隆重举行，北平正式改称为北京。

徐悲鸿参加了政协会议并将艺专教师的作品与老解放区美术家们的作品在学校的礼堂里做了一次交流展会，革命的气息立刻就充盈在新北京的画坛上。兆和感到既熟悉又陌生，早年他追求的"普罗艺术"与新文艺要求的大众形象似乎有点接近，特别是接管艺专的新领导江丰同志肯定了"老艺专的作品是写实的"，使兆和坚持"为民写真"，又增加了信心。

《春天来了》

　　9月底，徐悲鸿院长带着美院党组织的意见，找到兆和传达了要组织一批油画家画重大革命历史题材作品的指示，他问兆和："你还能画油画吗？"兆和未假思索地说："我能画！"交给兆和的选题是解放军进攻南京。当他正在熟悉资料还未起稿时，美术界的报纸上就报道了包括兆和在内的油画家们创作革命历史题材油画的消息，形势催促着兆和要赶快投入创作。在他兴头儿正浓时忽然扫来一阵风，夫人萧琼向丈夫"发难"了，她质疑道："你画了很长时间的国画，悲鸿也在提倡革新国画。难道写实的国画就不能表现革命历史题材吗？"兆和觉得夫人说的话有些片面挺刺耳，但也不无道理，他就用中国的笔墨起草了好几张小稿。也许，他脑子里想的是油画，手里拿的是中国画笔，又没有在革命队伍里的体验，一时乱了手脚。这幅《继续战斗下去彻底解放全中国 —— 勇敢的哨兵》的小稿钉在画板上，兆和改来改去总觉得不到位，悲鸿还是劝兆和用油画的方式画，萧琼仍坚持己见，到底听谁的？

　　就在两口子的艺术"研讨会"争论不休的那段日子里，整个世界都被剧烈地撼动了。

　　百年救家，沧桑巨变，今朝一日，换了人间。1949年10月1日，毛泽东在天安门城楼上向

《继续战斗下去彻底解放全中国 —— 勇敢的哨兵》稿图

全世界宣布中华人民共和国成立，"中国人民从此站起来了"！

北京倾城鼎沸！天上的和平鸽带着清脆的哨声回旋在城墙内外。兆和望着飞鸽百感交集，在他年近半百的脸上终于有了孩子般的笑容。兆和曾不止一次地回忆起他和萧琼参加开国大典时的情景。那时的天安门广场还没有现在这么大，没有纪念碑，南侧是一片树林。那天上午，兆和与艺专的师生们就站在树林里等候到下午。大典在欢呼声中开始，万众听到毛主席发出了洪亮的声音。兆和第一次看到高高的旗杆上升起了五星红旗。第一次看到解放军的飞机轰鸣而过！第一次看到了威风凛凛的骑兵方阵！他和萧琼与几十万北京人在欢庆开国大典的游行中争相望着天安门。兆和曾自豪地说："那天我扛着一面大红旗，走在北平艺专队伍的最前面！"

萧琼也在回忆中说："我在兆和后面的队伍里，挎着腰鼓学着跳，跟着扩音喇叭唱'解放区的天是晴朗的天，解放区的人民好喜欢！'……当天晚上，长安街上的很多人举着红灯笼，天上放出了从未见过的礼花！"开国大典后，兆和家里天天开着"话匣子"，毛主席宣告中央人民政府成立的讲话从早听到晚。

那几天，兆和难以入眠，他在夫人的协助下，起稿创作了一幅大画《中国人民从此站立起来了：中华人民共和国诞生之日》。这幅作品是即《流民图》之后的又一幅画幅巨大的画！展开这幅高近3米、宽1.32米的大作，立刻就被画中的气势所吸引。兆和把参加开国盛典时举着红旗的感受，全都集于画中。他第一次将工农大众的形象如崛起的山峰，极为醒目地屹立在画面的主体位置之上。他们虽然还是那么贫穷，但高高地擎起了五星国旗，眼神里闪耀出的是从未有过的自豪与期盼。

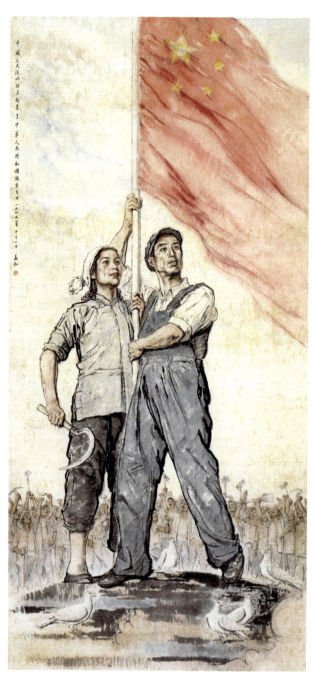

《 中国人民站起来了 》

兆和平生第一次画出了泛有彩霞的蓝天，让爽朗的颜色洗去了以往的阴沉。笔笔伤痛不见了，一碗碗"苦茶"被荡翻，从此，在兆和的画作里出现了洁白的和平鸽。中国的水墨人物画也因此进入到宣传画的行列，这是中国画史上闻所未闻的一大创举。

兆和的画大变了，他所在的学校也变了。1949 年 11 月，原国立北平艺术专科学校与华北大学三部美术系，也就是与延安鲁迅艺术学院美术系合并。1950 年 1 月，经中央人民政府政务院批准正式定名为中央美术学院。党组织和军代表是学院的最高领导，徐悲鸿被任命为中央美术学院院长。

中央美术学院刚刚起步，首先确定的就是要组成一支又红又专的教师队伍。当时的党组织对曾在沦陷区和国统区的画家们，经过了从理清到理解的一段过程。党组织也对兆和在沦陷时的经历做了全面的了解。在这一过程中，兆和相信领导，最终得到了党组织的信任与肯定。此时的他，就像一个参加工作刚过了试用期的学生，准备着要把所有的热情与能力释放出来。

兆和在新成立的中央美术学院很知足，每月收入是几十斤小米，领到了就高兴地交到夫人的手里。当时，中央美院的军代表是诗人画家艾青，当他听到悲鸿汇报说兆和还是兼任教员时就急了，他立即批准兆和正式成为中央美术学院的教授。当兆和接到徐悲鸿院长签署的教授聘书时，他几乎忘了曾经失业时的滋味，感到的是从未有过的安定。从那时起，兆和已经不把工作单位视为糊口的地方，而是把自己的工作当成组织上交给他的必须要完成的任务。

新社会发生的新变化给教授们、画家们不断地提出了新课题。批判现实主义被苏联倡导的革命的社会主义的现实主义所取代。

百年巨匠
蒋兆和
Jiang
Zhaohe
Century
Masters

所有不符合这一标准的审美都被列入落后的意识形态。传统的山水花鸟画被认作是封建残余。学院里取消了中国画系改为彩墨画系。院领导派给兆和的头一项任务，就是辅导擅长传统中国画的老画家们速成素描。中央美院要以这样的办法让老的中国画家跟上新社会的步伐。画家叶浅予曾回忆："1950、1951年提倡普及西画知识，要培养普及干部，一个班将近一百人。蒋兆和教素描，李可染教水彩，我教人物白描。"画家黄均是当时的"学生"，他说："每星期集中国画系老师进修素描人物写生，平日拿起毛笔勾描工笔人物或作山水花鸟轻车熟路者，此时则做不得笔主，大家相视而愕，只见蒋公展高丽纸于地上，弯腰执毛笔杆上端，风卷云舒，画上模特儿已悄焉动容矣。"兆和当着众教授尽力去做了，但他在后来的回忆中，总觉得这段经历甚为尴尬。他认为画中国传统的山水、花鸟，白描功夫足以胜任。好在，院领导纠正了这一偏激，不再把传统的中国画一概否定了。

夫人萧琼也为兆和能在尴尬中脱身松了一口气。她在家里除了带孩子画点画，没事就听广播看报纸，还不时地提醒丈夫要多听同事们的意见。她没有羡慕那些口才好的，反而觉得兆和平时"画多话少"倒是一大优点。她督促兆和在忙于学院工作的同时别忘了像以前那样到生活中去画画速写。兆和很在意夫人的话，班上的任务再重，也要背着画夹坚持到平民中去，他把创作的触角伸向到工厂、农村和部队。兆和没想到，社会上没有忘记他在20世纪二三十年代就是出了名的"江南雕塑家"，就在这一年，他在石家庄居然有了用武之地。1950年盛夏，兆和接受的第二项任务，便是清华大学建筑系和中央美院推荐他与原艺专学生宋泊、原艺专校长王之英和雕塑家张松鹤一起，为石家庄烈士陵园雕塑

蒋兆和主创的《石家庄烈士陵园主雕塑群》

《人民画报》1955 年 8 月介绍石家庄革命烈士陵园雕塑

大型主体英雄群像。兆和把这次创作看成是一次学习，他在士兵当中体会英雄的情感，画了大量速写，用胶泥多次捏成小型塑稿反复推敲。他说投入的精力不亚于当年创作《流民图》。在他以前的画里大部分是受欺压的弱者，虽然也有十九路军的将军，有《男儿当自强》《囚犯》和《流民图》中昂着头的知识分子，但塑造强者中的英雄还是第一次。兆和设计出三个解放军战士举着军旗，手握钢枪的形象，其中一个战士举起手臂指引前方，整组雕像倾身向前不可阻挡。三个战士目光炯炯，那无往而不胜的气势足足用了近一年的时间终于告成。兆和没有画完《勇敢的哨兵》，但也不必自责了，纸上的哨兵已经成为众目敬仰的雄伟群像，兆和的艺术亦因此如涅槃重生。

激情岁月

　　紧张的建设节奏让 50 年代的中国人都骑上了快马。《人民日报》上的社论催人振奋。1950 年，兆和的岳父萧龙友当选为第一届全国人民代表大会代表并进入主席团，还被任命为中央文史研究馆馆员。兆和的作品《流浪的小子》和《缝穷》也被选送到苏联去参加中国艺术展览会。这个"中国艺术展览会"是中国文化部与苏联文化部精心策划的，这样的机会悲鸿想着兆和，他在写给兆和的信中说："兆和吾兄请将大作选出十幅在明日（星期一）送到学院以备展览，星期一下午可约友人来一观。弟此举为参加苏联展览企图极慎重也。"兆和当然积极响应，当他还在选择作品准备参展的时候，国际风云骤变，朝鲜战事吃紧。10 月，中国人民志愿军雄赳赳、气昂昂地跨过了鸭绿江，"保家卫国"的口号响遍全国。中央美术学院也在 1950 年 11 月 4 日成立了抗美援朝委员会，要求师生们要在两个星期内创

徐悲鸿院长邀请蒋兆和送作品参加在苏联展览的信

作出百余件宣传作品来。兆和又接到领导派给他的第三项任务，是与吴作人、叶浅予、张光宇、胡一川、罗工柳、韦启美一起合作3米高的油画宣传画，他们一起创想了一个题材《让帝国主义在全世界人民面前发抖吧》，立刻就在《新观察》杂志上发表了。

全国上下到处都充满了战斗的气氛，从未听过兆和唱歌的萧琼，却看到丈夫教孩子们唱起："嘿啦啦啦啦，嘿啦啦啦啦，天空出彩霞呀，地上开红花呀，中朝人民力量大，打垮了美国兵呀……"11月，全国文学艺术界联合会发出《关于文艺界开展抗美援朝宣传工作的号召》，全国的文艺工作者们也都行动起来。已经46岁的兆和坐不住了，还像当年在淞沪抗战时的那股冲劲，恨不得马上就要画出自己的感慨。他发现萧琼请到家里来帮忙的大叔形象还不错，就请他来到画板前，让他摆出端着枪的样子。这位大叔挺"局气"，还挺倔，他不客气地说："蒋先生，别拿咱们老穷棒子'开涮'啦，我这长相您还画？寒碜咱呀？"兆和急说道："你还显得年轻，我想画你，是要画积极报名当志愿兵的样子。"大叔一听这话，大手就拍在了裤腿上："得嘞！您画吧！这我干！我要是还年轻，我也报名去！"兆和感动地开笔就画，邻居的大嫂和她的小儿子也被请来了，他们不用指导就握起拳头怒气冲天。又一幅中国水墨式的宣传画《鸭绿江畔》产生了，这幅作品里的农民拿起枪可不是虚构，这在当时是真实的场面，画里写的就是志愿军战士的大实话：

> 我是农民翻了身，鸭绿江边和平村。美帝侵朝野心狠，
> 战火烧到我大门。中朝人民共患难，唇齿相依共存荣。抗美
> 援朝伸正义，并肩作战保和平。

1950年12月31日，这幅画在北京市"抗美援朝保家卫国美

术展览会"上倍获好评。《人民日报》在 1951 年 1 月 17 日第 3 版的报道中记述："很多人对蒋兆和的作品《鸭绿江畔》中生动的东北农民形象和作风的民族气派深受感动，认为是一件出色的作品。"《新华月报》在 1951 年第 1 期的封面上刊出

《鸭绿江畔》

《鸭绿江畔》,《人民中国》也发表了这幅作品。

　　紧接着，叶恭绰、徐悲鸿、梅兰芳又倡议在中山公园举办抗美援朝书画义卖会，白石老人带头参加，兆和便捐出心爱之作《手工仕女》。

　　当东亚局势的火药味正浓，眼看就要过年了，兆和又忽然接到学院领导派给他的第四项任务，要他马上到江苏吴江县去参加土改，兆和没犹豫赶紧就去了。他在土改过程中画了不少速写，回来后在《新观察》杂志上作为新闻写真发表了多幅。作家萧乾写出土改纪实散文《土地回老家》，兆和颇有同感，作了插图。

　　兆和在乡村两个月，1951 年春节过后，他就把农民兴高采烈打桩分地的情节，画成一幅《领到土地证》，与一年多以前创作的《日出而作》，成为遥相呼应的"兄弟篇"。兆和在画中题记：

百年巨匠
Century
Masters

蒋兆和
Jiang
Zhaohe

领到土地证老少喜笑人人有田种生产把家兴谢谢毛主席你是大救星

江南农林文教一九五一蒋兆和

《领到土地证》

　　领到土地证，老少喜盈盈。人人有田种，生产把家兴。

　　谢谢毛主席，他是大救星。

　　时光就像军令，快速地推开了 1952 年的大门，画室也成了兆和战斗的"指挥部"，他笔下的墨汁就是前进的士兵。画板上又出现了一个城市妇女和少先队员正在行进的形象，毕加索画的和平鸽在背景中飞翔，为亚洲及太平洋地区和平大会创作的这幅水墨宣传画《走向和平》，画得痛快淋漓，表达出了中国人民要捍卫和平的呼声。

　　在那段时间里，兆和用水墨效果画成了宣传画，但他毕竟是擅长创作纪实生活的画家，他想摆脱口号的约束，又从宣传画里蹚了出来。在往后的几年里，他在"抗美援朝"题材的作品中，便有了《绣慰问袋》，画中人的故事就发生在北京的胡同里。有两幅表现中国大娘与朝鲜的"阿玛尼"双手握在一起的《两个母亲一条心》和《友谊深厚》，是当时真实的情景，显得格外亲切。

　　其实，兆和能专心地画出亲切感人的作品，与夫人的关怀分不开，也与顺心之事接踵而至分不开。说到此还得重提那个难忘的 1952 年。兆和夫妇孩子多了，画室就显得拥挤。萧琼就在那一年幸运地找到一所离萧家仅隔一条街的院落 —— 后泥湾胡同 10 号。兆和一家租住到这院落里宽敞的带有前廊后院的三间大北房里。因为画室足有四十多平方米，跨进门槛就能见到兆和用了十三年的两张画板。画板后面是新买的大书柜，放的全是画册和碑帖。笔墨纸砚在画板前的方桌上整整齐齐，兆和画画的环境又上了一个台阶，他喜笑颜开、心满意足，创作的欲望也日渐高涨。兆和创作"土改"和"援朝"题材的作品也频频出现在《人民日报》《新华月报》《人民画报》上，成为当时在媒体上最火的画家之一。

百年巨匠
蒋兆和
Century
Masters
Jiang
Zhaohe

那一年朝鲜战场上的消息天天都在传送。一天，兆和接到了一个消息，不是从广播里传来的，而是一封来自上海的信。一看署名是老朋友白蕉。白蕉是书道之人，与白石、悲鸿均有深交。当年兆和失业，多亏了白蕉解囊相助，才使兆和的二妹万琦坚持上完了高中。当兆和打开信笺，只见字里行间情深意长，他大叫起来："琼！快来！快来看好消息！！"原来，白先生在信中说："兆和兄，报你一个'喜讯'，你的《流民图》发现了，在上海华东文联。"这封写于9月7日的信，顿时令兆和夫妇泪如泉涌。那一天，不是过年胜似过年，刚学会包饺子的萧琼忙乎了一天，一家人围在热气腾腾的两盘白菜肉馅饺子前喜出望外。

兆和拿着白蕉的信反反复复地看，多少事又涌上心来。今比昔日，倍感温暖。腊月里，他在邻居的家门口又看到了令他感到温暖的画面。一个系着红领巾的小女孩靠着门墩儿，正在给坐在藤椅上晒太阳的爷爷读报纸呢。兆和也凑过去观看，读的正是《人民日报》头版刊出的毕加索为世界人民和平大会画了和平鸽的报道，于是，《给爷爷读报》应运而生。

画里的白胡子爷爷是胡同里的一位因老实出了名的八旬老叟。看过《四世同堂》的人都知道，祁老爷子一家人在沦陷的北平是怎样的不幸，这画中的老人就是从那个时候熬过来的，有谁能比他体会得更深呢？

《白蕉先生像》

《给爷爷读报》

　　曾经做过毛主席的警卫员，学过美术的美院干部丁井文，他与中央领导们很熟悉，就把《开国大典》等好几幅美院教授们的作品送进了中南海。据丁井文回忆，毛主席在《给爷爷读报》这幅画前站住了，欣赏了很久。这幅作品后来发行了三万张，编入小学的美术课本，作为 20 世纪 50 年代标志性的作品入选大型画册《中国美术 60 年》。

　　时光如穿梭一般直达正月十五，踏过 1953 年的清明走到谷雨。一天，兆和的大女儿和二女儿放学回家连一口水都没有顾上喝，就打开了笔记本。兆和注意到大女儿没有拿起她常用的铅笔，而是用毛笔很有仪式感地、庄重地、认真地写了起来。他问女儿急着写什么，两个女儿争着说老师讲了上甘岭的战斗，同学们感动极了，纷纷倡议给志愿军叔叔写封信，报告自己的学习成绩就是我们最好的慰问。兆和觉得孩子们长大了懂事了，他也情不自禁地在一旁画起了速写。萧琼静悄悄地给女儿的搪瓷杯里倒满白开水，放在书包旁。在这样的画面里愤怒的表情与拳头不见了，有的是兆和与孩子们心中的爱，抒发出祖国亲人对志愿军的骨肉之情。在六一儿童节那一天，《人民日报》上发表了这幅作品，白石老人看到报纸，家国情怀也使齐老像孩子一样，认真地为这幅画写出了几个大字："把学习成绩告诉志愿军叔叔。"

　　白石题过字的《把学习成绩告诉志愿军叔叔》，人民美术出版社陆续印刷了 24 万 8000 张，贴在全国小学的课堂里，贴在志愿军的宿营地，挂在了前沿医院、前线坑道。

　　夏日里，萧琼给正在创作的兆和摇着大蒲扇。兆和把两幅新作《生活在幸福的土地上》和《生活年年好》送到第一届全国国画展览会上参展。当他热情正旺之时，命运又悄悄地送来了一份热烈的大礼。

　　一天，家门被轻轻地敲响了，白蕉抱着很长的纸卷来了。白先生把重新托裱好的《流民图》交到兆和夫妇的手里便说出了缘由。他说上海市文化局和华东文联的所在地正巧是沦陷时一家日本银行的小楼。就在清理地下室时发现了一卷霉烂不堪的东西，打开一看是《流民图》！可惜，这长卷外层有好几处被撕扯掉了，可见处霉烂不堪。打开里层也破损缺失，经过近半年的修整，才把勉强能保住的半幅残卷托裱好了。白蕉看到兆和的脸颊红了，眼圈也红了，兆和沙哑地嗓音哽咽着："辛苦你们了，谢谢你！"

《把学习成绩告诉志愿军叔叔》

屋里的气氛凝重起来，白蕉话题一转，看着萧琼的肚子笑道："哦呦！我看夫人有喜，《流民图》回来了，这是喜中添喜喽！"

白蕉没有说错，萧琼确实怀孕七个月了。某日，秋老虎还喘着热气，萧琼到丰台区南苑北京市第十八中学去上班，在公交车上被挤后大出血，立刻被送至北大妇产科医院急救。正在蒋家做客的朋友文怀沙与兆和得知后赶到医院，兆和被吓得目瞪口呆，幸好有文怀沙协助与主治医沟通。医生诊断萧琼大出血的病因是正中性前置胎盘，极为凶险，妇产科的医生们通过电话，在协和医院林巧稚大夫的指导下全力抢救，萧琼才捡回了一条命。医生们都以为极度缺血的孩子早已命绝，幸亏林大夫嘱咐务必按剖腹产开刀，才未伤及一息尚存的新生儿。

太巧了！小生命出世的那一天，与1952年白蕉写信的日期恰巧是同月同日！1953年9月7日风和日丽，几乎是知命之年的"大龙"兆和，喜得"小龙"之子。

儿子出生后，再过几天就要开文代会了，这是徐院长筹备会务最忙的时候。兆和夫妇想好了，待悲鸿稍闲时，请他来看原作《流民图》。

1953年，蒋家和萧家都在喜庆之中。萧龙友老先生荣获中国科学院院士。兆和当选为全国第二次文代会代表。9月23日，兆和满怀着《流民图》回归之庆和老来得子之喜，畅快地去参加会议。

文代会开幕那天，找回《流民图》的事就在与会代表中传开了，恩师悲鸿与美术界的老朋友们纷纷向兆和祝贺，也期待着能看到原作的那一天。兆和在愉悦中记录着代表们的发言，回到家里加紧写出发言稿。当他在9月26日又去参加会议的时候，突来的噩耗沉重一击，把兆和从云端撞到了谷底，几乎要痛晕在会场上的他，回到家里泣不成声，他怎么也想不通，文代会还没有开完，恩师悲鸿怎么就撒手人寰？！

兆和无比沉痛前去吊唁。他多次与家人说：

没有徐悲鸿，就没有蒋兆和。

喜极成了否极，兆和怀着复杂、沉重的心情继续参加文代会。会议决定文代会更名为中国文学艺术界联合会。兆和也就同时加入了中国美术家协会。转年白露，他被聘为民族美术研究所研究员，社会活动多了，他反而迎来了新的高产期，他要坚持在民众中写真，不辜负恩师悲鸿的期待。

1954 年 9 月，当新中国公布了第一部宪法，兆和就像看到一片喷薄而出的曙光，暖暖地照进他的新作里。他画了两幅青年工人学习宪法题材的作品。在《读宪法》这幅画里写出了自己的心得：

这是我们建设社会主义社会的有力武器。

同月，他根据构思，特意到花鸟市场买了四只信鸽养在小后院。鸽子时而飞进屋里，落在书柜和沙发上。他仔细观察鸽子的习性，时时写生。在画界，都知道徐悲鸿善画奔马，李可染喜画水牛，李苦禅神来之笔是雄鹰，黄胄信手拈来小毛驴，兆和得意的小品便是与他同在一起的和平鸽。儿子的诞生触发了兆和的灵感，他想把鸽子与孩子画在一起。

起初，他画了邻居家的一个与儿子同满 1 岁的男孩，那个孩子笑眯眯的很招人爱，可是少有动态。一天，兆和看到儿子趴在地毯上努力学着爬动，两只鸽子飞来觅食。儿子好奇地圆睁着水灵灵的大眼目不转睛地看着鸽子，他弯起棒槌一样的小腿向前挪动，又伸出胖乎乎的胳膊，张开小手朝煽动起翅膀的鸽子抓去，这是多么有趣的瞬间！当时要是有照相机或智能手机就好了，可兆和的眼力就是"快门"，通过速写与默写，就画出了孩子与鸽子那天真的样子，寄语了对和平的祈祷，兆和题道：

> 这是全世界人民希望的事情。

这《小孩与鸽》成了兆和非常珍爱的作品，是因为画了儿子才格外珍视吗，还是因为这幅画有了清新圆润的笔法而沾沾自赏？当然不是，他说：

> 多少年来我对自己的家世和童年闭口不谈，因为那太少
> 欢乐的童年给我留下的只是痛苦的回忆，每当回顾自己走过
> 的漫长坎坷的生活道路时，童年生活的种种情景就自然浮现
> 于眼前，使我回味，令我深思。

每当夜深人静、风清月皎之时，兆和看着小儿子睡着了，看着萧琼甜美地欣赏着孩子在一天天长大，他看着想着，想到从《江边 —— 黄包车夫的家庭》画到《流民图》，曾在六幅作品里出现过的母与子都是哭天喊地、生离死别，四十五年后才看到了母子间在和平的环境里有了甜蜜的笑容，他激动了，让夫人扮成农民大妈，盘起腿唱起歌谣逗乐怀中的孩儿：

> 奶罢儿欢乐，儿肥母自夸。朝朝盼成长，戴上光荣花。

天下的父母都希望孩子幸福，就怕自己童年时的不幸在下一代人身上重演。从《流民图》画到《小孩与鸽》，战争与和平的对比在兆和的记忆里总是挥之不去，他连续画出孩子在《蹦蹦跳》，孩子与飞鸽一起《爱和平》……从此，"小孩与鸽"这样的题材他提笔就画，他梦想的人类和平成了画不完的主题。还总是在《小孩与鸽》的思维模式里，看眼前发生的事。

20 世纪 50 年代初，农村里轰轰烈烈地进行土地改革，兆和就画了当时在农村里常见的《土改中的积极分子》，画里的姑娘拿

《 小孩与鸽 》

百年巨匠
Century
Masters
蒋兆和
Jiang
Zhaohe

《母亲的希望》

着红缨枪，站在村口的样子一脸稚萌。萧琼看了却误以为是战争时期的少年。兆和就反反复复地回看那些在乡下速写的稿子，想从中找出小孩与鸽的感觉，翻过好几篇批斗地主的画面，只有两幅速写，画的是农民有了土地，有了余粮，还购置了新农具，兆和就兴致勃勃地画了一幅穿着黑棉袄的农民兄弟牵着马头扶着犁，他把农民最关心的事表现在画里：

　　　添车买马置新犁，保证今年好庄稼。

　　兆和看着这幅《添车买马置新犁》，自己都觉得好日子有盼头了。四年后兆和将这部作品选编在自己新出版的画册里，不过，一篇评论却说："解放后作品中有的形象是模糊的，如《添车买马置新犁》，你可以理解为努力发展生产，也可以理解为热衷于个人发家致富的新富农。在这样的农民形象中，我们很难感觉到解放了的、站起来了的农民的自豪感和在党的领导和教育下不断提高了觉悟……为什么在画家歌颂新中国农民时很注意他们得到了土地、得到了农具……等等目前的物质利益，而对他们精神面貌的改变……却不甚注意呢？！当然这也是跟这些作者观察事物时的立足点是分不开的。"兆和很纳闷，农民盼的就是好日子，在他们感恩的笑容里就看不出精神面貌的改变吗？兆和依然在实际的生活中看到什么，就有感而发的画什么。在创作了《添车买马置新犁》之后，又一鼓作气地画出农民的新面貌，画出了《卖了千斤粮》《农家女》等等作品，并连续发表。他在《卖余粮》中大赞道：

　　　添车买马满田庄，扩大生产卖余粮，为了农时不着慌，

多余现款存银行。

　　1955 年 3 月，盛大的第二届全国美术展览会在北京展览馆召开。兆和的《小孩与鸽》《少先队员的委托》《把学习成绩告诉志愿军叔叔》三幅作品入选，并发表在《美术》杂志上。而就在这一年，苏联著名油画家马克西莫夫作为苏联政府派来的专家在中央美院举办油画训练班，引起了一股油画热。当马克西莫夫参观了第二届全国美展之后，他在中国美协会议上的报告中

《添车买马置新犁》

《农家女》

说："有许多艺术家选取了对人的描绘和刻画人的内心世界"，"如像在《小孩与鸽》这样一幅画里，画家蒋兆和在现实主义的形式中表现了小孩对和平象征的鸽子的喜爱……蒋兆和同志在《把学习成绩告诉志愿军叔叔》的画幅里，同样以诗意的形式描绘了少先队员可爱的面貌。这两个女孩的外部形象和内心的情绪，我认为完全是现代的或具有深刻的现代意义"。其实，苏联专家的到来，国画似乎又被边缘化了。在这样的情境下，苏联专家对国画有如此震耳之语让很多人意想不到，连兆和本人也甚感惊讶。

兆和只当苏联专家的话是"鞭策"，他依然故我凭着感觉去画。随着热火朝天的建设气氛，兆和与中央美院国画系的叶浅予、李可染、李苦禅还有两个创新干将——徐悲鸿的得意门生李斛和宗其香，一同挑起了中国水墨画与新时代并进的大梁。

苏联之行

那幅画于 1954 年的作品《母亲的希望》很长时间挂在墙上，就像"百年救家"的祖训不能忘，这母子之爱与报国之情恰似水乳交融，暖在兆和夫妇的心里。而回到家中的《流民图》与母亲希望孩子戴上光荣花的情感相比，那些流民恍若一段不忍再看下去的隔世之难，被卷进木匣，放在萧琼结婚时购置的大立柜上。每年春秋两季，萧琼就要与孩子们像藏民晒佛图那样将大画打开，过风，再放上一包包樟脑。

1956 年底，文化部副部长钱俊瑞给美院领导江丰、蔡若虹致信说："前几天乔木同志和我谈起蒋兆和的情况，我们觉得对他应该更加器重，因为他的人物画显然为许多人所爱好。"时任中宣部和文化部领导的周扬想起了《流民图》，他认为这大图可到苏联参展。兆和夫妇没想到这不忍再看的《流民图》，从大立柜上移到了飞机里，兆和也因此获得了一次难得的机会，中央美院领导江丰批准兆和随美院副院长王曼硕，作为新中国美术家的代表去访问苏联。

1957 年 4 月，文化部在苏联举办中国现代中国画展，其中就有兆和的一系列表现穷苦人和表现新中国的作品。苏联的美术家们何曾想到，徐悲鸿先生提到的《流民图》真的到莫斯科与苏联的观众们见面了。兆和更没有想到，他用中国水墨以写实的方式画出的现代人物，不用解说欧洲人就能看懂，兆和再一次"逢千

百年巨匠

Century
Masters

蒋兆和

Jiang
Zhaohe

载嘉运"了，他在苏联的展览会上成为被追捧的主角，他的作品轰动了苏联艺坛。

展览在莫斯科普希金造型艺术博物馆和列宁格勒的美术馆展出。苏联观众在世上最长的巨构《流民图》前惊叹不已，他们在柴可夫斯基的交响曲《悲怆》声中走近《流民图》，当看到画面上被炸死的孩子与老人，不少女士含着眼泪，她们想起了残酷的斯大林格勒战役。美术史家A.切戈达也夫评论说："《流民图》是真正崇高的艺术创作，洋溢着深刻的戏剧性和生活真实……作品洋溢着一种争取和平、反对战争和反对压迫、反对毫无理性的毁灭，美好而出色的人类生命的感情。"

在兆和的作品前，同样经历过生死决战的苏联老兵们感到的是心灵的震荡，他们在各大报刊上也发表评论说："兆和是一位具有非凡创作胆识的艺术家，其人道主义力量……超越了当代艺术家理解与评价所习惯的通常格局，唤起了对古典大师们的联想：伦勃朗、丢勒和达·芬奇。"他们说："蒋兆和的画中，经过一连串人物的命运，揭示了一个历史时期中国人民的悲剧。这位画家的作品实际上是对人类一种历史性教训，它胜似成千册图书，更强有力地号召和平。"

蒋兆和在莫斯科

兆和在苏联近三个月，

与苏联的画家们进行了多次艺术交流，做专题报告，参观各大博物馆。他不懂俄文，在上海打工时下的"语言功"派上了用场，翻译不在时，他就与会说英语的苏联画家们简单地交流。在研讨会上，兆和与苏联专家们一起讨论了19世纪末俄国巡回画派对批判现实主义艺术的贡献。苏联美术家纷纷撰文盛赞兆和是"中国的伦勃朗""东方的苏里科夫"。画家格拉西莫夫称："《流民图》放在世界博物馆也是头等的历史名作。"

苏联有一位著名的素描画家，也是画马、恩、列、斯的专业画家尼古拉·尼古拉耶维奇·茹可夫对中国的毛笔、宣纸以及画出来的效果很感兴趣，强烈请求兆和到他的画室里一起画像。当然，兆和信心十足有备而来，这一次，他不像画司徒雷登时多少有些紧张，他轻松地，甚至可以说有些自豪地，有意要借此机会显示出中国笔墨的神力。

壮实的茹可夫惊疑地看着瘦矮的兆和拿出一支竹杆毛笔，他完全不相信不用炭笔打稿，直接用毛笔就能完成一幅画像。兆和研墨，茹可夫觉得这很像民间的戏法，他傲慢地坐在沙发上不时地瞟视正在蘸墨的兆和。茹可夫满不在乎地吃苹果，跷起二郎腿晃悠着，似乎要给对手增加一些难度。兆和十拿九稳，任凭他左顾右盼，仅30分钟，兆和就举起画像笑道："你看看，是你吗？"茹可夫惊呆了，他冲动地拥抱兆和大声地说："亲爱的蒋兆和同志，这比我更像我！""这是我见到的最好的一幅茹可夫肖像画。"轮到茹可夫同志画兆和了，兆和很注意应有的礼节，配合着丝毫不动。两个多小时过去了，茹可夫还没有画完……

2015年，茹可夫画的蒋兆和突然在国内的拍卖市场上出现了。现在俄中两国的年轻人已不熟悉这位革命画家了，他留给中国人的是一幅线条略显拘谨的蒋兆和的素描像。

莫斯科东方博物馆还收藏了兆和在 1949 年创作的精品《老妇像》。苏联最高美术科学院为兆和塑了铜像，这铜像的作者谢尔盖·谢利哈诺夫在 2017 年 10 月 24 日，即他 100 岁的时候举办了雕塑展，将铜像《画家蒋兆和》捐献给了中国美术馆。

兆和在赞誉面前唯一想到的就是恩师徐悲鸿，是徐先生最先把他的艺术介绍到了苏联。在与苏联艺术家的交流中，兆和更加确定自己走悲鸿提出的"为人生而艺术"的道路走对了。当兆和从苏联满载而归，他未与同事们多说在苏联的交流情况。正像 A.切戈达也夫所形容的："这位甚至没有想到自己创造性才能的人，一个十分拘谨而谦逊的 …… 本世纪的同龄人，颧骨突出，满面皱纹，有着一对明亮善良的眼睛，在中国画未来的繁荣中，应占有光荣而重要的位置。"可兆和不在乎自己的位置，只觉得自己在 20 世纪三四十年代凭良知画出的每一笔，都是中国人的苦难，没有理由把赞誉当成什么资本。兆和从苏联回到美院就像从乡下体验生活归来一样，不同的是，他把带回来的大部分画册都送给了美院的图书室。他在美院只是低调地向全体师生们做了一次简要的访苏报告。在家里，兆和也是平淡地说了访苏的经历，在他的讲述中留给孩子们印象最深的，是华丽的冬宫和苏联美术馆里的名画。苏俄的民间木质套娃成了孩子们的最爱，4 岁的儿子好奇地用父亲带回的一套 64 色彩铅笔学着画起了彩铅画。兆和还带回来一盒雪茄烟，从那时起，他除了喝咖啡还得有雪茄陪伴了。

自从兆和访苏之后，他的艺术便在国际社会产生了影响力。几年中，来自苏联、东欧及西德、英国和美国的艺术家们先后到北京访问了兆和。曾经在 40 年代就关注过兆和艺术的日本画家和理论家须山计一、土方定一等也在撰写评论文章。在日本出版的《抵抗的画家》这本画册里，被称为革命画家的齐白石、徐悲鸿、蒋兆和、古元与世界近百年最有创造力的36位画家并列在一起。正如从延安鲁艺毕业的著名版画家、美术理论家、中央美术学院教授王琦所说：

《苏联画家茹可夫》

> 在莫斯科举行的全苏美术家代表大会上，当苏联艺术家联盟组织委员会主席约干松在大会报告中列举到当代世界上杰出的现实主义大师的名字时，东方国家的画家只提到蒋兆和一个人的名字。还有许多国际美术界人士对他的崇高评价，更是不胜枚举。一向自甘淡泊、不慕荣利的蒋兆和，从来不把这些鲜为人知的荣誉作为取宠于人的资本，他始终把全副精力用于自己的艺术追求。

《苏联画家基特科夫》

冬去春来

百年巨匠
蒋兆和
Century
Masters
Jiang
Zhaohe

　　其实，兆和从苏联回国走下飞机的那一刻，就已经踏入到反右斗争的行列中了，放松的状态立刻就紧绷起来。兆和不能理解徐悲鸿的恩人，他心中的"伯乐"善人怎么成了"右派"？兆和还算顺风顺水，不久，他就荣幸地当选为北京市第二届人大代表。社会职务一多，他觉得责任重了，要学的要关心的自然也就多了起来。

　　在兆和去苏联之前的1956年，中国已经完成了"三大改造"，国家从新民主主义时期正式跨入到计划经济的社会主义时期。变化之快，使所有的人都要紧张地跟上时代的步伐。中央美院的教员们也闻风而动纷纷订出了创作计划。兆和与吴作人、叶浅予、司徒乔等20余名教员再次下乡去体会农业合作化与农业机械化带给农民的好处，兆和即时写生了一幅《四化山村》，画中不见农田里的水牛木犁，却画出了农业机械化的一大金刚，苏联式的红彤彤的拖拉机。那时，第一位女拖拉机手梁军成为不

蒋兆和在河北省怀来县花园乡南泉村画壁画

《四化山村》

得了的新女性，兆和看到她的报道，忽然就想起在年轻时创作的图案画《慰》，她几乎不敢相信自己的眼睛了，原来新的女性是这样的意气风发。兆和试着把这位女强人的精神，通过姐弟间的对话表现出来，画出农民要做拖拉机手的大志向。这幅《学做拖拉机手》本是农村中的新风貌，却又被当成宣传画印了11600张，很快就脱销了。

从1957年到1958年，兆和乘上了"万里路"采风活动的快车，他参加了全国文联主席郭沫若带队的参观团，到张家口专区考察半月有余。他与郭沫若、吴作人、叶浅予、邵宇合作大型壁画《叫山献宝叫水听命》。回京后没过几天，又加入到田汉领队的中国文联"文艺界福建前线慰问团"，第一站就去了"金门炮战"的

蒋兆和在南方采风写生

阵地。兆和听少年何明全、何佳汝等9位"英雄小八路"讲述不顾生死，帮助解放军抢修电话线的事迹，兆和边听边画，就把这些小英雄的样子，永远地留存在画里了。福建的体验为兆和提供了更多的创作素材，使他能及时地创作出海军战士守卫海疆的形象系列。

萧琼在结婚前就发誓要画兆和那样的画，她要与兆和一起去写生的梦做了十多年，终于即将如愿以偿了。

那时，萧琼已经在中央美院附中做了兼任教员，就与兆和一起到十三陵水库工地一个多月，与工人们同吃同住同劳动，画出了不少感人的传奇。有一个刚从北京航空工业学校毕业的名叫闫秀兰的女大学生，被十三陵水库工地几千人的义务劳动场面所感动，就积极加入到砸夯的团队里。工地上搞起了比武大赛，她就组织起九个姓名里都带有"兰"字的姐妹，唱起欢歌扬起木墩，九姑娘居然奇迹般地夺得了砸夯比拼的冠军。这"九兰组"巾帼不让须眉，通过《人民日报》传遍全国出了大名。兆和夫妇看到姑娘们和无数劳动者在激扬的号子声中用铁锹，用推车运石挖土，砸夯垒坝，一张张速写塞满了画夹，回到家里，俩人默契合作连续

《九兰打夯》

画出了《最紧张的一角》《十三陵水库工地》。兆和又画出了一组"群像图"，便是足有 2 米长的劳模英姿图《九兰打夯》。

在这火热的年代里，模范人物争相竞技，也为画家们搭起了争冠的擂台。就在这一年，毛泽东提出"百花齐放、百家争鸣"，成为发展科学、繁荣文学艺术的方针。兆和与许多知识分子都在"双百"方针的激励下要各显其能。他与同事们背起画夹又赶紧到四季青人民公社去找感觉，画出了《养猪姑娘》，他以自己与村民相处的体会，为作家李准的《李双双小传》作插图。兆和把能够看到或能听到的喜讯都比作"小孩与鸽"那般美好，看到三女儿在院子里抖空竹他当场就画，随意就写出了"迎春"二字。有不少观众发现，兆和自从在 1949 年画出了《一篮春色卖遍人间》，在以后的很多作品里就与春天分不开了。

在以后的几年中，文艺界先后出现了"警钟"式的电影和戏剧如《霓虹灯下的哨兵》《箭杆河边》《千万不要忘记》。在这样的形势下，美院的师生员工们与各行各业的人们掀起了学习的热

百年巨匠
Century
Masters
蒋兆和
Jiang
Zhaohe

《海防线上》

潮。《人民日报》报道说："全国人大代表刘开渠、华君武、吴作人、潘天寿和全国政协委员丰子恺、王个簃、王朝闻、叶浅予、陈半丁、柯璜、张景古、傅抱石、蒋兆和联合在会议上发言：'我们要以毛泽东文艺思想作为武器，和现代修正主义以及形形色色的资产阶级文艺思想进行坚决的斗争，无产阶级的美术队伍将在这个斗争中壮大成长起来。'"严肃的课题令兆和必须像完成考题一样地做出答卷。他看到城市里的知识分子都在《认真学习毛主席著作》，这样的画面，立刻就被发表在《光明日报》上了。他走到郊区农村，看到农民们也在加紧学习，一幅《春光明媚》画出的农家女健壮饱满，头上裹着白头巾，还穿着粉红色的衣服。她格外端庄、安详，却看不出有丝毫的"斗争"性格。

而另一幅在1961年创作的《嫂心一条》，似乎又是另外一番光景了。一个年轻的姑娘同样在柳树下，穿着同样的红衣服，她手握锄把憋闷着。真情与现实、理想与现实纵横交错着，或许，兆和又见到什么画什么了？直觉让他感到，连享有特供待遇的画家自己都在克己缩食，农民会怎样呢？他的题词流露出内心的忧虑有些特别：

  柳丝千万，嫂心一条。

如今，《春光明媚》与《嫂心一条》，这两幅带有时代气息的作品，已分别收藏在了北京画院和旅顺市博物馆。

苏联的加加林飞上太空又吹来一股强劲的风。城市里的孩子们玩起火箭玩具风靡一时，兆和画他们与中国人的航天梦连在了一起。到了1962年，中央决定经济大调整，农村呈现出好转的迹象，大有冬去春来之感，兆和心里的"春天"立刻就呈现出《春耕图》和《丰收》。在《一笛横吹万户歌》里，一个农村女孩走在放羊路上轻松地吹着笛子，表达出亿万农民心中的喜悦，可以说是那一时期的代表之作。

趁着经济回暖之势，兆和随全国政协视察团去了广西、云南等地。再跟随全国文联到海南岛采风。南中国少数民族也在中央的农业新政策的调整中生活得多姿多彩。兆和自从去了一趟西双版纳，在他的速写里，就有了秀而不媚、闭月羞花之女，创作出《白

《春光明媚》

《丰收》

百年巨匠

Century
Masters

蒋兆和

Jiang
Zhaohe

《 春播 》

《 一笛横吹万户歌 》

《 春到农村 》

族姑娘》《大理之花》《黎族姑娘》《水上人家》《南国风光》，还有发表在《人民日报》上的《点苍山下的金花》。并与夫人一起画出了现世中的"桃花源"，创作出《龙门写生》与《苍山洱海》。

兆和在南方画出细雨朦胧的《江南春雨》，回到北方仍意犹未尽，就把农村里的新气象比作润物耕心，画出了一幅《春到农村》。在这幅画里出现了一对"青春才俊"，两位年轻的农民骨干一路恳谈，那淳朴的样子，不禁让人想起在同一时期最红的电影《我们村里的年轻人》里，带领村民披山引水的年青干部孔淑贞和李克明，还会想起电影里激励了几代人的歌声："我们年轻人，有颗火热的心！"

1963 年，罕见的暴雨连日成灾，也未能打消农民们重获新生活的决心。一幅《队长与支书》，生动地反映出当时中央

《白族姑娘》

《春光》

百年巨匠
Century
Masters
蒋兆和
Jiang
Zhaohe

《展翅迎春》

《女民兵》

《南国风光》

《采茶图》（局部）

的新政策与农民的新办法带来的新局面，与《春到农村》肝胆相照成为"姐妹"篇。在民众的生产与生活大有改善的日子里，兆和总觉得还缺点什么，他又想起了那个身穿红衣、头戴白巾的姑娘，就在第三幅表现农家女的作品《春播》里，农民终于有了怡然自得之享，画中人成为兆和在那段时期画出的最具美感的形象。

这一年，毛主席诗词连续发表了，奋进的精神继续升温。兆和感受其中，与萧琼合作了《女民兵》与《咏梅》，发表在《红旗》杂志上。兆和没有停歇，画了《春光》，又在起草大幅作品《采茶图》，但见：

十里茶山雨后新，东风拂拂散香醇。社员采撷腾欢笑，翠色盈筐报好春。

直到 1965 年，兆和的这幅大作几经修改，很遗憾，激情中他一病不起，这幅半成品竟成为兆和一生中反映民众生息的收山之作。

百年巨匠
Century
Masters
蒋兆和
Jiang
Zhaohe

第八章——桃李满园

如果说蒋兆和一生有两个高峰，一个在绘画上，一个就在教学上。

他在徐悲鸿先生倡导的写实画法与表现现实的思想指导下，与同仁合作，探索出不同于西画，也有别于中国古画的适合中国现代水墨人物画造型的教学方案。他撰文立论，其教育思想在学院内外影响深远，终见桃李满园。在这一章节里叙述了蒋兆和的基本教学思路和他为人师表、爱生如子、敬业如山的风范。

确立基础

兆和忙于创作，但作为教授，首先还是要做好本职工作。但岁数不饶人，他感到累时，就呼噜呼噜地吸起从云南带回来的水烟筒，透过龙爪形的烟嘴冒出的烟团，可看到兆和脸上像苏联画家说的在"满面皱纹"之上，又增添了不少白色胡茬，看上去这个52岁的大叔像个老头了。可这老头的生活还像刚涉世不久的小青年，他从丰盛胡同到王府井骑着一辆26式飞鸽自行车上下班，天天两点一线的很简单。在家时也就三件事，烟不离口，笔不离手，坐着就看书。在工作中，兆和脑子里装着"三思考"，思考创作题材、思考如何教学、思考自我改造。他还萌生了要向党组织靠拢的念头。他虽然话少但或许在某次发言里多少流露过这样的想法，于是，有些听者比兆和更积极地登门造访了。中国民主同盟美院支部的成员们与兆和交起心来："听说蒋先生也想入党？"兆和直言不讳说出凤愿。民盟的同志们表示"先加入民盟就能入党"，兆和特别愉快地相信了。后来，兆和一路"飙升"为民盟美院支部委员，主任委员。直到20世纪60年代末，他才明白加入民盟与入党没有关系。

不过，入盟的事给当时的兆和鼓了一把劲，他更是一头埋在了教学里，一门心思地想着如何将徐悲鸿的艺术思想和自己的见解传授给学生。

在20世纪五六十年代，中央美术学院的教学是"技法与创作的分家制度"。兆和是负责基础教学的,不像高年级创作课程涉及的问题更多。看似简单的事兆和为何偏要搞成一个国画人物基础教学的体系呢？其实,建立现代中国画尤其人物画的教学体系,兆和在悲鸿领导下的北平艺专就已经开始研究了,兆和再次强调这一问题,只是根据实际情况,对他的教学再做完善。他认为现代国画造型基础的概念和技巧问题如果含糊不清,就不能顺利完成高年级的创作课程。当然,兆和密切关注现代国画的基础教学问题也与 1955 年美术界的大形势有关。

蒋兆和在指导学生水墨人体写生

百年巨匠
Century
Masters
蒋兆和
Jiang
Zhaohe

那一年 7 月，文化部召开了全国素描教学座谈会，要求把契斯恰科夫素描体系的学习推向高潮。一时间俄式素描教学体系"君临天下"，俄式"素描"不仅是所有美术院校考生们入学必过的科目，还渗透到中国画的领域，也成为中国画的基础范本。兆和针对全盘俄化素描教学冲击到中国画基础训练这一弊端，不得不对中国画应该具有怎样的教学等诸多问题发表见解了。兆和曾说：

> 我们不反对素描，但是很珍重中国画的传统。契斯卡可夫我也是很崇拜的，但素描是有很多种表现的。我在上海美专教素描时就和别人的教法不一样。我注重结构，明暗随后来画。别人都是先分大面，我不那样，我首先把解剖弄清楚，搞准确，不用橡皮、面包、馒头。

时到年底，兆和在《美术研究》上发表了第一篇论文《国画人物写生的教学问题》。而后，他就像在少年时那样全神贯注，沉静持毫，将这篇论"国画人物写生"的"千言书"，特意以行楷的形式书写成卷，字字见心，洋洋大观，竟长达 19 米！

兆和密切关注现代国画及基础教学问题，还与 1956 年发生的事紧密相连。那一年，兆和的作品《给爷爷读报》参加了第二届全国国画作品展览会。展会上的绝大部分人物画都出自年轻人之手，他们年轻的资本是新时代的"潜力股"，他们反映现实，接地气有活力。兆和看到这些作品就想起了悲鸿先生，也想起年轻时的自己。可是，展后却众说纷纭。尤其针对什么是正统的中国画问题产生了疑问。兆和坚持自己在年轻时就持有的观点，他认为：

> 时代之日进，思想之变迁，凡事总不能墨守陈规，总得适时渡境，况艺事之精神，是建筑于时代与情感之上，方能有生命与灵魂所在，今人之画，虽不如古，而古人之画又未

必能如今画之生，所以艺术之情趣，是全在于实际的感情，

绝非考字典玩古董可同日而语。

对第二届全国国画作品展览会的议论，很快就演变成中国画如何吸收西法来丰富传统问题的一场大辩论，很像是徐悲鸿与寿石工论战的延续。不过，兆和站在另一个角度看，觉得"大辩论"是在新时期对国画人物创作、如何培养这方面人才的一次大促动。兆和就在《美术》杂志上发表了第二篇论文《从国画展览会中所得到的启示》，在《文艺报》上又接着发表了第三篇论文《新国画发展的一点浅见》。他看到新国画强势的一面，在文章里首先肯定年轻画家的作为。在第二届全国国画作品展览会上有些画家给兆和留下了很深的印象。一幅人物画《粒粒皆辛苦》，画出的农民形象朴实且笔墨简练，其画风也倍感亲切，而作者方增先才 25 岁。

蒋兆和书法作品《国画人物写生的教学问题》

当兆和站在黄胄的作品《打马球》前，他甚至感到这是一件不可多得的画。作者年仅 31 岁，却笔墨豪放，居然把速写的画法彻底融入到水墨之中，加强了水墨人物的运动感，如此个性鲜明的画可谓异军突起。兆和也曾听说，黄胄在年少时就在黄泛区用水墨的效果写生过许多灾民，他觉得黄胄的画法是个创造，与靠模特作画相比有了突破。这些年轻画家的精彩表现确实为水墨人物画增添了活力，兆和觉得悲鸿设想的，可表现现实人物情感的中国画已蔚然成风，他在文章里说：

> 大多数能反映现实生活而较好的作品，是出自年轻一辈或初学国画不久的青年画家之手。尽管这些作品被认为"是水彩画"也好，"是现代画"也好，他毕竟具有一定的表现力，并被群众所欢迎。所以我觉得现在没有必要来肯定这些作品是否是中国画，或者说什么才是"纯良国画"。在中西画必然要互相影响，而国画的发展也必须汲取外来的营养这一前提之下，与其过早地下是非判断，不如及时地帮助年轻一辈的画家更好地钻研遗产，更能突破发展国画的障碍。年轻的画家们也必须具有这样的信心 —— 今天被人认为"不是国画"，明天将会被人认为是新中国的国画的。

此言一出，在当时的国画界，兆和对艺术的这一独特理解如甩出了一张"王炸"牌，可说超前也可说隔路。兆和直言肯定新国画会有光明的前途，是因为看到了年轻画家们的独创精神。他对师承不变、毫无个性者深感遗憾。他主张要冲破艺术的围栏，不要在意是哪一派哪一家，是工笔还是写意，他认为有表现力、能引领群众审美的画作就是好的，按现在的话来说叫"跨界"，这样的艺术观念直到现在可能还是热议的话题。

兆和就像在重庆创出水墨新技法一样，在国画人物教学研究的途中要走出一条自己的路。别看他不善言语，可一旦开了评说立论的头就一发不可收。1958 年故宫举办"1955—1957 年苏联美术家作品展览会"，兆和相应发表观感《苏联美术家作品展览会给我的几点印象》。同年，他写出了第四篇论文，为徐悲鸿的画册作《徐悲鸿彩墨画序》。

1958 年，上海人民美术出版社出版了《蒋兆和画集》，而兆和看到新出版的画册时，却像批评家那样对自己大半生的作品重新审视又做了一次总结，他把最新的感悟集中在了《关于中国画的素描教学》这第五篇论文之中。

兆和通过这五篇论文，反复阐述了重视"结构"的意义。他认为画人要兼顾骨骼、肌肉与器官三个部分之间的关系与形状。认为西画素描在结构的体积与透视中，分出"面"没有错，但中国画用墨用线能一写概之，可谓绝顶的聪明，而这一特征是中国画不能丢弃的法宝。所以，他主张把西画中的"结构"概念，落实在白描与施墨之上，使笔墨有的放矢地表现出结构中美的秩序与形式感。他说这样的造型方法是：

> 不仅仅用线描写轮廓，而且以线表现内在的起伏和结构上的转折，充分表达形象的精神特征而发挥用笔的高度技巧……从物象结构的造型原则出发，就不至为表面光影所限制，对民族传统用线造型的规律就更明确……因而对提炼取舍更有肯定性的认识，而不至于概念化，也就真能对优良传统的笔墨更好的发挥，就是画一点阴影，也能适当地处理，不至无原则地衬托了。

兆和强调中国画笔墨的结构说，不是一时地试验。他于 20 世纪 30 年代在上海教人体素描时，就发现不能只看表面光影，要抓住形体内外结构这一要素。可以说，《国画人物写生的教学问题》与《关于中国画的素描教学》这两篇论文的出现，把注重结构关系的笔墨，作为现代中国水墨人物画造型的基础教学的核心问题确立了理论基础。

于是，从 50 年代中期，中国画系就开始重视在入学新生中进行从结构出发的白描写生训练了。兆和与国画系的同行们没有白忙，他们从理论到实践形成的新型教学，结束了千年师徒传艺只靠"概念化"的临摹，也终止了全盘照搬西画素描不顾中国画特征的偏颇。兆和的学生，当代画坛主力张广曾深有感触地说："无论是后来学了人物、花卉还是山水，无论是画写意还是画工笔，都在基础训练这一阶段深深受益于蒋先生强调的注重结构的白描训练，都给同学们打下了坚实的造型基础。"

写生示范

1960 年的 7 月，骄阳似火，中国文学艺术工作者第三次代表大会的气氛更加火热。兆和当选为中国美术家协会第二届理事会理事。在会议期间，他又发表了第六篇论文《人物画的造型基础与传统的表现规律并略谈个人在教学上的一些体会》。会后，便马不停蹄地带着教案，应邀到沈阳鲁迅美术学院协助筹建中国画系。在那里他按照自己的路子走上讲台，将现代中国水墨人物画造型基础的教学体系从中央美院影响到了其他院校。

不过，兆和常说"结构"，也考虑到不可被西画的"结构"概念所拘。他要学生逐渐理解中国画的三大要素：一要如何把握结构以求形似，二要以形写出内在的精神本质，三要以神似表达至高的意境。他针对这三大要素，先后发表了四篇论文：《中国水墨人物画的造型规律》《对顾恺之"传神论"的点滴体会》《挥洒自如 —— 略谈李耕的人物画》《谈传统人物写生的基本锻炼》，全面剖析了传统的"六法论"和"形神论"。兆和最早的学生宋泊曾回忆说："我在蒋先生的画室里还听先生讲石涛的画训'墨非蒙养不灵，笔非生活不神'，他说不必停留在临摹的束缚之上，也不能在近乎抽象的笔墨里故弄玄虚。他说笔墨因造型而存在，更是抒发胸臆之所在，要坚持到生活中去'感于中，形于外'，才是笔墨的生命。"兆和的这些观点，得到了美院师生们强有力的支持。曾帮助兆和实施中国现代水墨人物画基础教学的助教有四位，最初

百年巨匠
Century
Masters
蒋兆和
Jiang
Zhaohe

蒋兆和的助教、徐悲鸿的入室弟子刘勃舒教授

蒋兆和的助教姚有多教授

的助教是徐悲鸿的入室弟子刘勃舒，他是落实兆和教学体系的最强推手，黄润华也忙在其中。而后，兆和的学生陈谋和姚有多接班，有了他们的支持，兆和的教学声誉就像"牛市"火了起来，这其中还有一位中年教授功不可没，他也是兆和的最佳搭档，是美术界里的重量级人物，他就是被徐悲鸿称为"中国的门采尔"的李斛先生。李斛对学生们说过这样的话："蒋兆和先生提倡的水墨人物画法中的'结构'，和我所说素描关于面的结构不是矛盾的，都是从基础的角度去看对象。"李斛与兆和的看法高度一致，还在课堂上为兆和的示范做起了模特儿。

20 世纪 60 年代初，美院决定各系按画种分科教学。叶浅予先生曾回忆说："为了服从决定，开始准备人物、山水、花鸟分科学习，先由在校的三年级试点分科，经动员后，由学生自愿选择专业。一班共有学生 19 人，分科之后，计人物八人，由我和蒋兆和分别教，蒋兆和任科主任；山水七人，由李可染、宗其香教，宗其香任科主任；花鸟四人，由李苦禅、郭味蕖和田世光教，郭味蕖任科主任。1962 年，中央美术学院各系又成立了教授工作"画室"。中国画系的画科教学变为叶浅予的工笔工作室和蒋兆和的写意工作室。学生由自己报名与教授推荐来选定。当时有周思聪、李中贵、龙清廉、马振声、张广、赵志田、朱理存、李宝林、庄寿红、边宝华、吴丽珠、孟庆江、龚继先、郝之辉、单应桂、齐·巴雅尔等学生，其中有九位走进了兆和的工作室。

学生们心怀崇敬之情取顾恺之和吴道子两位先师之名，戏称两个工作室所在的教学楼是"顾吴楼"，兆和反倒不快了，他希望学生们要自信今朝应比古时强，要画出自己的风格。那时，兆和与叶先生相互配合得极为畅快，叶先生提出"传统、生活、创造"和"临摹、写生、创作"的教学"三体"说，兆和提出的一整套教学方案与如何消化传统，如何感悟生活，如何激发创造完全契合。叶先生看兆和瘦弱单薄，一声"注意休息！"成了叶先生与兆和的见面礼。可是，工作室刚成立不久，先病倒的却是叶先生。院领导就把系主任之职作为任务交给了兆和。叶先生康复后，兆和立刻就将系主任的头衔还了回去。学生们也知道，兆和可不是当领导的料，他们风趣地形容李可染稳如泰山，李苦禅豪侠尚义，叶浅予说笑一针见血，形容起蒋兆和便是沉默寡言，还要咳嗽两声。可是，兆和要求学生很严格，一星期必交一张炭笔人像写生，绝不含糊。

如果按"百闻不如一见，百见不如一干"的俗语，兆和留给学生们最深的印象便是授课时总要示范，让学生们看到何为"意在笔先"，何为"骨法用笔"，就像他在上海艺专时那样，与学生们一起触发灵感。从20世纪30年代起，兆和就很重视对人体的研究。遗憾的是，20世纪初就已形成人物画教学应该画人体的共识却在60年代又被质疑，兆和只能不再提倡画人体，但他也发现学生往往处理不好人体与衣服之间的关系，就因势利导强调要学会准确地认识人体结构与衣纹之间的变化。于是，他便亲自示范。

兆和在课堂上话不多，学生们反而感觉到"每当不知所措时，先生一两句话就让你静下心来"。兆和在每个学生的画架前驻足指点，不厌其烦地演示，为学生们示范了《藏族老人》《蒙古族妇女》《抽烟的大叔》等等好几幅写生。已享誉中外的书画家、南开大学教授范曾回忆说："我以为观看蒋先生写生，是对他的理论进一步认识的捷径。"比范曾早一年入学的，同样具有探索精神的画家、名教授王同仁对蒋先生的教导言犹在耳，他说："蒋先生与我们在乡下写生时风趣地讲如何观察物象，他生动地举了个古代武士练习射箭的例子，比喻从整体到局部的观察方法，方能下笔精准。"著名画家、清华大学美术学院教授李燕也对蒋先生在课堂上的教学记忆犹新，他说："蒋先生是极其认真的人，他特别看重示范教学，他讲到哪笔到哪，详细地演示出整体形象前后左右的关系和用笔墨表现结构的方法。

蒋兆和课堂示范作品《蒙古族妇女》

我从美院附中考入美院后，前两年接受了严格的基础训练。我记得，蒋先生画像时不会把一个地方都画完，稍稍地皴那么两三笔，一步步把位置定下来，抓住骨骼与肌肉结构关键的几个点，不似是而非，这是蒋先生教给我们把握形体的窍门。蒋先生说他强调的结构素描是为画现代中国画所用的。看他的写生似德国康勃夫那样的线质素描，其实是发挥了中

国画白描的技法。我要
是没有那一阶段的训练，
怎能获得人体的造型基
础呢？后来，我在工艺
美院开设人体写生的课
程，开始画是二十五分
钟，然后逐渐减到五分钟
甚至在更短的时间内完
成一张人体速写。这都
是那时徐悲鸿、蒋兆和、
叶浅予等老一辈创造的
训练方法。先父李苦禅
先生也主张国画、西画都
要学。他说我们学画的

徐悲鸿的学生、李斛教授

过程是加法是乘法，以后的创作是减法，是除法。所以，我觉得人
物、山水、花鸟画都需要经过抓'形似'这一过程。要说'写神'，
连形都不准，还怎么出神呢？古人说'皮之不存，毛将焉附'就
是这个意思。"以画大庆铁人一举成名的著名画家赵志田一说起他
的大学时代就会想起蒋先生："当时每画一次模特就针对一个问
题，讲解不同的问题分成不同的学习单元。蒋先生要求学生用笔
要根据观察的感受，比如说脸部及人体的用笔怎么用，身体的衣
服用笔怎么用，很具体地讲到哪示范到哪。我们因为在蒋先生的
指导下，才有了怎样通过笔墨来把握整体，注重神态，再从结构的
细节处画到整体的基本功，使我能在以后的创作里画出众多的现
代人物。"

任重道远

　　时光无声无息地到了1964年，兆和漫不经心地看了看日历才意识到自己已走完了一个元运。岁在花甲自然有寿面庆贺，而在这一年更值得庆贺的是中央美院开始招收研究生了。兆和的教学生涯也因此迎来了第二次"青春"，他担纲起硕士导师之责，开始了更高层次的教学。

　　当时，在艺术高校培养硕士才刚刚开始。教育部要求宁缺毋滥，必须把好研究生的质量关。中央美院的油画系、雕塑系、版画系、国画系等经过极为严格的考核，结果，只有美术研究所和国画系择优录取了研究生。从美院附属中学到中央美院毕业的马振声，成为兆和的第一个研究生。马振声在美院读本科时就是一名高材生。快毕业的时候，他深入到太行山区画出大量写生并起草了一幅农民争交公粮的画稿，兆和看到画稿上的人物姿态各异，表情生动，就鼓励他大胆放开画，可画出与真人一样的比例，马振声一听吓了一跳，他脱口就说："那不就跟《流民图》差不多大啦？"兆和笑了："那才好呀！"虽然马振声也未敢画真人一样大的长卷，但他的这幅《天下大事》作为毕业创作，还在收尾阶段时就博得业内的一致好评。马振声通过这次创作更加理解了蒋先生讲到结构的比例、角度等问题，尤其对驾驭多人物大场景的问题上，蒋先生强调要尊重焦点透视的规律但不可陷进去，他认为中国画的散点透视法能使画面跨越空间与时间。他还特别注重在营造大场面时要汲取中国画善用虚实的特点来"置陈布势"。使马振声大为受益，获得了以后能驾驭巨幅创作的能力。

当马振声考上了研究生，兆和作为导师对他有了更严格更全面的要求，鼓励他再尝试一下雕塑。敦促他对其他画种和书法、文学也要多下苦功。如此广泛地开拓学生的视野，果然使马振声在后来的实践中可以集中西各家之长，成为当代水墨人物画的杰出代表之一。马振声把自己的感受再传给他的学生时说："国画家中画素描的人很多，你让这些画好素描的人拿起毛笔试试，能不能画出来蒋兆和这种感觉？凡是画不出来的，欠缺的就是民族文化。我们现在一说起笔墨来就是那几个程式化的东西。但是真正的笔墨，其实是石涛说的那样，在落笔的时候笔不笔，墨不墨，其中自有我在。笔墨不是一下子发挥出来的东西，前人没有、别人没有的，只有我此时此地落下的，这恰恰才是中国画追求的东西。鲜活的笔墨，需要画家动真情感，进入一种忘我的状态。"

蒋兆和在中国画教学座谈会上

看来，学生马振声理解了蒋先生。当兆和专注画面时，确实动真情实感，他左手夹着烟头烧糊了裤子还全然不知，进入到了忘我的状态。

兆和在水墨人物画教学等诸多学术问题上，坚持己见论文连篇，很像一只"出头鸟"，他完全进入到了忘我的状态。

萧琼记得她在参加北京中国画研究会组织的一次研讨会上，画家古一舟知道老朋友蒋兆和最听夫人的话，就对萧琼说："让蒋先生收一收吧，人家说他垄断教学呢。"萧琼赶忙劝兆和凡事不要较真。"我没有垄断啊！"兆和"蒙圈"了，他实在不明白，敬业与垄断是什么关系？

年轮分分钟钟都在消磨着人的精力，夫人萧琼也怕兆和年纪大了骑车太累，就请了一位三轮车师傅包月接送他上下班。就在1965 年的 4 月的一天，刚吃完早餐，兆和习惯地靠在沙发上抽雪茄，没抽几口就恶心。萧琼看他不对劲，怎么会在穿夹衣的季节里满头大汗呢？十几分钟后，骑三轮的师傅来了，萧琼帮兆和一边穿上呢子大衣一边说："要是难受的厉害就回来。"兆和讷讷点头拿起一包教案就往院外走，还未走出院子只见他捂住胸口异常痛苦。萧琼马上急叫 119，兆和还在摆手说："没事，一会就好，今天有课不能耽误。"说着说着就昏昏沉沉起来。快到中午时，兆和已躺在北京医院的病房里了。大夫说他突发了心肌梗塞需要住院。那时没有支架技术，血管搭桥还不成熟，只能靠服药卧床静养以待缓和。当兆和稍觉得好些了就大嚷起来，这是他婚后第一次朝心爱的夫人发了火："这几天都有课！我没有什么病！"萧琼急得一直在哭，护士像哄孩子似的安慰兆和啥都别想了安心休息。

兆和确实不能再多想什么了，1966 年 6 月 1 日，《人民日报》

一篇社论《横扫一切牛鬼蛇神》震动全国，学校都停了课，几乎所有可以张贴的地方全被大字报覆盖，一场前所未有的"大革命"使"大批判"的火焰燃遍全国。

躺在床上的兆和与所有的教师一样，不能再登上讲台，只能听天由命，他彻底地"蒙圈"了！

在往后漫长的日子里，他忍受着病痛，记不清有多少泪水流出来了，才能纾解一下心里的郁闷。在兆和的记忆里，叶浅予曾被一辆敞篷卡车拉到天津"批斗"，兆和也同被拉去当"陪斗"。一路上，兆和的腿脚肿得难以站稳，叶浅予扶着他用诙谐的话语说起往事，帮他放松心情。

夫人萧琼也在给他鼓劲："你不能死，要相信群众相信党，相信自己，记住我的话！"兆和才挺过了一次次要命的难关。

后泥湾 10 号外院的北屋，是著名京剧"老旦"高玉倩的家。她演完《红灯记》回到家里已经很累了，还想着到后院的蒋宅去看看。她看到兆和与萧琼都病在床上，就送来可口的饭菜，萧琼说："这是旱地里下了及时雨，是救命呵！"

1970 年的腊月，北京久旱无雪、滴水成冰。中央美院几乎所有的教职员工都要下放到湖北山区的"五七干校"里去劳动。兆和夫妇又像当年那样，

中央美术学院前院长张启仁

第三次把那些代表作撕下画轴，揭开裱糊的绫子，就连那尊黄震之塑像也一起装进木箱准备带到乡下去。要说"车到山前必有路"确实不假，学院的老领导张启仁和中国画系的同仁想尽办法，使已经弱不禁风的兆和得到了特殊关照。全院仅批准两名在校留守人员，兆和就是其中的一位。那时，总抱着暖水袋，胡茬上挂着清鼻涕，十分寒酸的兆和，坐在美院的传达室当收发员，相比那些去战天斗地的教师们，这已经是很好的宽待了。

当老教授们陆续从"五七干校"回到校园的时候，兆和又因肺气肿躺在了床上。老画家颜地不放心，隔三差五地就去兆和的家。

荣宝斋的书画专家王大山和琉璃厂的鉴定师陈岩一有空，就到兆和家里去探望，他们跑前跑后帮着办理美术圈里的事。

托裱过《流民图》的刘金涛，从黄胄家里忙完后就一定要来看看兆和与萧琼。

那时，中央美院人事科的负责人周玉兰，主动挑起了为兆和夫妇排忧解难的重担，萧琼对孩子们说："以后，你们可不能忘了热心的周阿姨，她是蒋家遇上的恩人呐！"

1976 年的 10 月，"文革"已去，中国大地又迎来了锣鼓喧天、爆竹震耳的日日夜夜。当老知识分子们还心有余悸，兆和却看着笑眯眯的外孙"松松"，画出一幅《大快人心放鞭炮》，中国在鞭炮声中打开了大门，改革开放的春潮扑面而来，兆和大为振作，脸色也泛起了红色的光。

美术界迅速地在新的大道上起跑了。当全国美展一开幕，兆和就要儿子搀扶着他坐上 3 路无轨电车，就像逛庙会一样快乐地走进了中国美术馆。可能是体力不支，他看到一些作品后就要歇一歇。不过，有的作品还是引起了他的注意。他回过头，在一幅

红旗飘，锣鼓敲，特大喜讯人欢跳，小哥儿也来放鞭炮，霹、叭、霹九霄，乌云须消鬼怪妖魔逃不了，全打倒。人心大快时候到，亿万军民仇恨报，仇恨根，坚决拥护华主席、党中央，步伐一致听号召。一九七六年十月吉日 延昶

《大快人心放鞭炮》

水墨人物画前指着画里的每一笔细节对儿子说:"你看看,这老农画得多么自然,用笔很放松,色彩吸取了外来的因素,我看这是一幅很好的作品。"

兆和的儿子很少听到父亲对画家有何点评,他瞪大眼睛近距离地去看,原来,这是远在西北的一位年轻人画的《人民歌手李有源》。

1977 年,各大院校恢复了高考,无数曾经失去学习机会的小青年们就像钱塘江潮涌入高校。1978 年 2 月 28 日,《光明日报》刊出新闻:"中央美术学院今年招收中国画、油画、版画、雕塑、美术史五个专业研究生。著名画家和教授吴作人、刘开渠、李可染、蒋兆和、古元、李桦等也参加指导研究生,培养接班人。"已近 74 岁的兆和喜上眉梢,他写信鼓励那个从西北带来优秀作品的画家韩国榛。就在这根节上又出现了故事性的巧合,兆和的第二位研究生正巧就是韩国榛。而韩国榛读研的经历也很奇特,他在回忆里说:

> 我第一次见到先生,他那炯炯的目光,便在我心中留下了难以磨灭的印象……在研究班学习的两年中,先生对我的指导几乎全是在病榻上进行的。从学习计划到具体的习作,他都认真过目。先生的话令我难忘,他说过:要提高自己对生活的观察能力,不能像一般人那样停留在表面泛泛的认识上,要努力去把握生活的本质。

新一届的研究生虽然年龄偏大,但都具有深入基层的经历,已具备了创作的经验。责任感促使兆和尽快地调整了教学方案,他在病床上完成了第十一篇论文《略论现代水墨人物画》,并经常与中央美术学院美术史系的硕士研究生刘曦林一起交谈。学生刘曦林很像当年跟随兆和的记者李进之，他拿着事先准备好的一摞卡片，不停地记录整理蒋先生说的话，三天两头地往返在兆和家与美院之间。

这位才子在他的导师王琦教授的引导下，决意要在毕业论文里论述蒋兆和。兆和感到不安了，深虑《流民图》在"文革"中被批判尚存争议，担心影响他毕业误了前程。可是，这位从山东来的刘曦林比当年从齐鲁到北平求学的郭明桥更执着，他顶住压力，埋头整理蒋先生的艺术史料。他发现兆和前半生的艺术史就是中国近现代苦难的缩影，兆和在 1949 年后建设时期的艺术实践，是从旧时代过来的知识分子再造的历程。尤其是相关《流民图》的文字，他一字一句地剖析，仿佛进入到兆和在当年不得不以曲笔表述的苦心之中。在往后的日子里，刘曦林成为专门研究蒋兆和艺术的首席专家，撰写出《艺海春秋·蒋兆和传》《蒋兆和论》《流民图析》《中国名家全集·蒋兆和》；编辑整理了《蒋兆和论艺术》《蒋兆和研究》等诸多著作。他在大专院校演讲、授课，为传播蒋兆和的艺术也在六十多岁时劳累成疾。他作为蒋兆和艺术研究会的学术带头人，在美术界为齐白石、徐悲鸿、蒋兆和、叶浅予、李可染、李苦禅、李斛、黄胄等等一脉相承的水墨艺术做了全面、深入的研究。

在理论上兆和有了像刘曦林这样的助手，他几乎忘了体弱多病，还想着要到学校里找回课堂上的感觉。学生们也在惦念蒋先生，他们时时都在回想与先生在一起时的那些日子。他们说蒋先生与学生之间不见"威严"也没有"代沟"。学生马振声时常提起在他读研毕业即将离校时的一件往事，他与同学朱理存带着最新的成绩去向蒋先生汇报，兆和拖着病体与萧琼翻箱倒柜拿出大半生的代表作品，答应他们拍了照，作为日后的学习资料。

学生郝之辉也总是在感怀："我毕业前夕，最后的技法课是蒋先生的水墨人物写生，我冒然提出想借用先生的作品照片底版印放，他毫不犹豫地将1943年拍摄的《流民图》12寸玻璃版底片和其他一批作品的底片交给了我，拿到这些绝版，我与马振声、朱理存两夜未休，为全班每个同学留下了最珍贵、最难忘的纪念。"

学生齐·巴雅尔也常把一件小事记在心上。他带着一箱速写从内蒙古专程来拜见先生，兆和正躺在床上靠着西洋参水补充气力，看到学生就像看到远飞的鸿雁归来，兆和按照蒙古人的习俗与他拥抱，说说笑笑地一起吃了炸酱面，还在齐·巴雅尔的速写习作中选了好几幅收藏下来。

学生王同仁称蒋先生亦师亦父，他说："蒋先生给予我的又何止是学业上的指导，他给予我的还有慈父般的温暖和为人处世上的启迪，这才是我更大的幸运。""在三年困难时期，蒋先生和萧先生特意请我和卢沉去他家吃饭，要说说中国人物画的一些问题。当时，每一口粮食对老师一家来说都十分珍贵。可就在那个特殊时期，蒋先生竟把自己的口粮省下来留给学生，把学生当成自己的孩子一样爱护。我们回想起这件事，先生的仁者之心总会让我们既感动又温暖。"

画家白伯骅与纪清远也幸运地体会到了蒋先生给予的温暖。他俩先后登堂入室，程门立雪，就像当年的兆和去见徐悲鸿。20世纪70年代后，蒋家从后泥湾到月坛北街再迁至复兴门外，伯骅都在先生左右。他说："我与蒋先生相处了十六年。"兆和待伯骅和清远如同美院工作室里的学生一样，对他们的画总要一一点评。

在清远的记忆里，有件难忘的事，使他受益匪浅。80年代初，他拜周思聪为师。那时，周思聪很想再看看《流民图》，又怕打扰了蒋先生，就托清远与萧先生商量。谁都没有想到，就像当年的悲鸿及时给予兆和学习机会一样，兆和慷慨地让儿子约上清远，一起小心地把《流民图》从柜顶上搬下来扛到了清远的家。要知道，这大图放在兆和夫妇床前的立柜上，他们昼夜厮守不愿离开半步。那一天，北京画院的周思聪、贾浩义、王明明、王为政、纪清远与大图上的流民近在咫尺，触摸到了那久远而悲壮的年代。

兆和在学院内外教了大半辈子书，他循循善诱，希望学生能在课外加强中外文化的修养，他在论文中说：

> 一个画家，不仅要有坚实的绘画基础，同时必须读万卷书行万里路，将胸襟开阔，以洞察万物，研究事物的奥妙细理，理解客观的规律。

兆和以他的艺术审美观独树学风，更看重学生树立了怎样的人生观与价值观。他在学生王同仁的作品集中这样写道：

> 凡有成就的画家应具备三个条件：要有一定的艺术才能，在长期的艺术实践中要有正确的主导思想，在生活的大道上更重要的是有良好的品德。

兆和的希望或许已经成真，1949 年以后在中央美院毕业的学生中如著名人物画家杨先让、杨之光、王同仁、范曾、卢沉、姚有多、蒋采蘋、周思聪、李中贵、龙清廉、马振声、朱理存、龚建新、李燕、张广、赵志田、齐·巴雅尔、单应桂、孟庆江、韩国榛等，他们先后受教于徐悲鸿、蒋兆和、叶浅予、刘凌沧等教授。在1978 年美院招收的研究生班里，有杨力舟、王迎春、李延生、杨刚、刘大为、华其敏、李少文、聂欧、翁如兰、褚大雄、史国良以及后来的袁武、田黎明等等。加之在美院成为首批博士之一的毕建

百年巨匠
蒋兆和
Century
Masters
Jiang
Zhaohe

勋，后来在美院进修过的赵建成，他们都间接师法蒋兆和。在中央美术学院以外，登门求教的有白伯骅、纪清远，还有现在为保护中国文化遗产做出突出贡献的女画家耿莹。还有深得兆和艺术与教育思想影响的画家，他们业已卓然，如王盛烈、杨之光、方增先、刘文西、王子武、吴山明、刘国辉、王明明、李伯安、蔡玉水、周顺凯、侯卫东等。

蒋兆和在写生

从 20 世纪 50 年代、60 年代到 80 年代，兆和埋头教学直到须发斑白也不服老，他画《童子扮寿星》自喻赤子，又画一幅《东风到处果儿红》自比艺术园丁。在他 80 岁那一年，最终发表了第十二篇论文《诗文画印有真意，贵能深造求其通 —— 谈吴昌硕的艺术》。理论家刘骁纯、马鸿增在理论家刘曦林研究的基础之上，进一步根据悲鸿的艺术思想与兆和的艺术见解之间的关联，将兆和进行造型基础的教学改革，归结为"徐蒋体系"，此说便成为北方中国水墨人物画教学的代名词。

兆和追随悲鸿倾尽大半生的精力，终见桃李满园，深感慰藉亦深知任重道远，他对学生马振声说：

创建科学的教学体系，不是一两个人能够完成的，这需要许多人的实践甚至几代人的努力。

以新的高度，再求变法的历程。

节里记述了蒋兆和对中国水墨肖像画的探索中，

先贤人物，迄今还在人们的记忆中。在这一

五十年代后，他创作出一系列英雄人物和

的画家之一。

据资料造像，他是使水墨肖像画最先走向现代

物特写的形式塑造形象。无论为人写生还是根

不同。他借鉴了西方绘画的构图方式，多以人

的神像、帝王像以及文人画里的写意小像完全

尤其是蒋兆和的水墨肖像画，与中国传统

他创作的经典作品也是在肖像的基础之上完成

蒋兆和的艺术从一开始就与画像密不可分。

的。

为民造像

百年巨匠

Century
Masters

蒋兆和

Jiang
Zhaohe

　　无论教学还是创作，兆和沿着自己的路已经走到了暮年。有人说五六十岁江郎才尽，也有人说病来山倒风烛残年。照此推想，兆和经十年疾患已七旬开外，他的艺途也就到此为止了？其实，兆和在推进中国画写生教学的同时，从未停止过对自身艺术的反思。作为肖像画家，从早年到晚年，他为很多人画了像。直到画出《一篮春色卖遍人间》让中国画的肖像艺术登上了高峰。当一个高潮过去，时代的风云又推着他继续走在探索的路上，使他在

蒋兆和青年时代的素描作品《萧淑芳像》　　《傅增湘像》

《汪霭士像》

《老舍像》

20世纪中叶以至七八十年代创作出的新肖像画，依然可圈可点，别样精彩。

早在50年代初，民众对革命历史题材和领袖人物肖像画的需求与日俱增，使专攻人物的油画家、版画家、雕塑家、水墨画家可以大显才华。可是，要画历史题材或领袖人物与画现实中的百姓不同，在条件不允许的情况下，只能通过史料及照片进行创作。兆和从未画过照片的"老黄历"就得翻篇了。在这样的情况下，兆

《尚小云像》

和凭着多年写生打下的造型基础，仍可创作出鲜活的卓殊超然的肖像作品。

1950年，兆和就以开国大典时天安门城楼上的毛主席像为据，画出了毛主席与农民的孩子们在一起的富有情节的领袖肖像作品。用水墨画出领袖的肖像，这在当时很罕见，便引起了悲鸿的关注。1951年，美术界组织画家创作革命历史题材的作品，悲鸿希望兆和能发挥作用，就交给他一项命题画的任务，一幅表现在国民党第一次代表大会期间《毛泽东与孙中山的会见》便产生了。在当时油画独占鳌头的情形里，能以国画方式画出革命历史事件中的政治家，唯有兆和一人。这幅作品的感染力能与当时的油画比肩，即被革命历史博物馆收藏了。

不过，兆和从来也没有想到为领袖人物画标准像的事。1953年，当中共中央编译局为建立陈列馆需要革命家的画像时"非他莫属"了，特请兆和为马克思、恩格斯、列宁、斯大林和毛泽东画像。标准像成为艺术是太高的奢求了，兆和却以"小写意"的方式，让笔墨灵动在大尺度的彩色正规像中，也表现出了领袖人物内在的魅力。兆和与编译局的同志们都没有意识到，这五幅领袖肖像刷新了中国水墨画的历史，在世界现代肖像画史上也属首例。

从那时起，兆和陆续画出了《向农业合作化迈步》《毛主席与戏曲名家》《向毛主席汇报成绩》《你们要关心国家大事》和《周恩来总理》等等多幅领袖题材的作品。一幅创作于1955年的《听毛主席的话》，悬挂在北京儿童医院的厅堂里，画面上的孩子们高兴地围坐在毛主席身边聆听教导，祥和的气氛非常的引人注目，使这幅作品成为儿童医院的一大标志，还在各大报刊上连续发表，印成对开招贴画，是当时各大书店里的一大亮点。

《周恩来总理》

同一年，报纸上刊出毛主席视察乡村的报道，兆和颇有感慨地画出了一幅可称优雅的肖像画《毛主席在麦田》。画里的墨线清淡利落，色彩清澈，酷似一幅甚为精致的水彩，这样的风格在兆和的作品里可谓独有。画面上彩云飞渡，麦浪滚滚，毛主席站在大田里气定神闲，那亲切的笑容与常人毫无二致。

兆和的新肖像画还表现在各界精英之中。他画民间艺人"面人汤"，把老艺人专注的眼神与那双精巧的手画活了。他画的京剧表演艺术家马连良在《赵氏孤儿》里的一幕令人叫绝。从眼神手势，身段做派，从抖动的胡须中，就仿佛听到了马先生自出机杼、字正腔圆的音韵。兆和在这一时期的画风，更加注重瞬间的表情与动作，其张力预示兆和的肖像艺术，又向着更广阔的天地拓展了。

艺术评论家蔡若虹也讲出了画家们的创作前景，他说："在我们的肖像画里，有普通的工人、农民和士兵，还有劳动战线上的英雄模范，劳动人民的功臣和领袖。画家吴作人、王式廓、罗工柳、董希文、蒋兆和、李斛、张振仕等等，他们的肖像作品经常得到群众的好评。新的肖像画坛，让千千万万的人民英雄流芳万古，才不辜负我们这个英雄辈出的伟大时代。"

当时，革命军人和劳动模范是最受追崇的大明星，为他们画像，为先烈们造像是时代的要求，是人物画家们义不容辞的责任。一本《可爱的中国》就放在兆和的枕边，第一页上就是他在1950年塑造的方志敏烈士。从那时起，兆和的肖像画里便有了革命的色彩。1956年，在当年画过《流民图》的画板上，出现了一个被所有的中国人都熟知的少女形象。那一年，山西省文水县决定在刘胡兰家乡建立刘胡兰纪念馆，县委宣传部宣教科科长杨小池赴京恳请毛主席为刘胡兰重新题词，再请画家蒋兆和为刘胡兰造像。

当杨小池来到兆和的画寓，兆和一边敬听来意一边思考，如此重大的命题他第一次碰上：画？没有生活的体验。不画？实在愧对这天大的信任。可是，杨小池遗憾地解释说没有任何形象资料可供参考，这对所有的画家来说，都是一道难以想象的难题。

兆和画过不少旧时代的女子，同样是15岁的花季，却有着不同的人生。兆和曾经构思过台儿庄之战，曾经起稿欲画百万雄师过大江，所有这些感念，全都集中在了对刘胡兰形象的构想之中，他抓住这一瞬间的感觉，回想着刘胡兰家属的记忆和杨小池对晋中农村女青年的体型、发型、装束和生活习惯等描述就勾画起来。不到一个星期，一幅没有渲染，也没有色彩的形象出现在纸端。有人说，画人可以把活人画假了，也可以把

《马连良戏装像》

虚拟的形象画真了，兆和塑造出的刘胡兰没有拔高，也不用美颜，只是一个单纯、倔强、正气凛然的农村少女，这一形象至今还活在人们的心里。

　　1956年冬，兆和作为祖国的代表参加到中国人民赴朝鲜的慰问团，他在战壕里与志愿军指战员们一起过春节，这样的人生体验，使他想起在十九路军指挥部里的情景，而志愿军战士们朝气蓬勃的样子，让兆和看到了活生生的"可爱的中国"。兆和一鼓作气地画了很多速写和几十幅战士们的肖像，在每一幅画像旁边都详细记述了他们的战斗经历。兆和的学生还记得，在国画系的楼道里，首先映入眼帘的是墙上依次挂着蒋先生画的志愿军战士的肖像和英雄《黄继光》与《罗盛教》。在20世纪60年代，为纪念抗美援朝，兆和通过在朝鲜画的一幅写生，画出了一幅大画《友谊深厚情义难忘》，两国人民浴血患难结成的真情凝聚在朝鲜大

《刘胡兰像》

《志愿军战士像》

妈与志愿军战士亲如母子般的暖意中。

英雄的事迹总在鼓舞着民众，兆和为残废军人画了像，又从报纸上看到好儿女们参加群英会成为劳动模范的新闻，母亲盼望孩子长大后戴上大红花的好事果然成真了。兆和也荣幸地被邀请到全国群英会上为劳模们画像。那些日子，兆和因患"五十肩"痛得抬不起胳膊，当

第九章 时代肖像

《劳模倪志福像》

他见到劳模立刻就兴奋起来，又到了忘我的状态。他与劳模们面对面地画了好几天，在每幅画上，田汉还即兴配了诗歌。兆和画劳动模范一直坚持到 1964 年，那一年的五一国际劳动节，《北京日报》上刊出了兆和画的四位劳模各显其能，神采奕奕。他们是中国尼龙拉锁的研制者许洪都、北京 13 路公共汽车售票员姜茂琴、拿着试管的北京钢厂化验员陈陪根、紧握钻头的工程师倪志福。

六年后，就在兆和画雷锋的时候，随着一部小说《红岩》火遍全国，兆和又塑造出一个不屈的身影，题词道：

人，不能低下高贵的头。

画里的那个为理想而牺牲的年轻人，象征着一段艰苦卓绝的时代，现已陈列在四川泸州的博物馆中。

《记念刘和珍君》

《祥林嫂系列之一》

　　二十世纪五六十年代，兆和在刻画烈士的同时，也开始思考近现代历史人物的形象了。他为鲁迅博物馆画了《记念刘和珍君》之后，为纪念鲁迅逝世20周年又郑重地画了一大幅《鲁迅》头像，并题写出鲁迅的一句话比喻自己：

　　　　我想，我做一个小兵总是胜任的，用笔。

　　从那时起，兆和笔下相关鲁迅文学题材的肖像画多了起来。他为鲁迅小说《离婚》作插图，画出祥林嫂与阿Q系列。这些小说人物的塑造并不亚于当年创作的阿Q像，鲁迅小说中的人物活在画里，与新文学珠联璧合了，兆和也为之有感：

　　　　为祥林嫂画像，非画像也，乃为天下同命相怜者而写之。

　　而在1973年，兆和又一次为鲁迅博物馆塑造鲁迅形象时，他对肖像艺术又产生了新的认识。兆和觉得鲁迅既然是新文化的旗

《鲁迅先生像》

手，就一定要画出一个"新"字来。这想法不错但绝非易事。画
这幅鲁迅像正值"文革"，那时社会上对艺术水平的衡量标准是
"三突出"和"红、光、亮"，兆和没有因此而犯懵，他的画室是
"外紧内松"，也许，禁锢多年太想释放一下了，萧琼与兆和不谋

百年巨匠
蒋兆和
Century
Masters
Jiang
Zhaohe

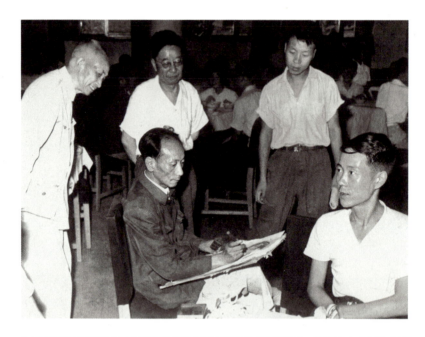

《人民日报》报道了中国文联与革命残废军人演出队举行茶话会，兆和在会上为残废军人画像。在兆和身后有位十分好奇的观看者，他与兆和是老相识，是在 20 年代兆和居住的上海阁楼上开过会的、"延安五老"之一的革命学究吴玉章，在吴老身旁悉心观看的是文学家老舍。

蒋兆和与家人、儿子一起畅游北京颐和园昆明湖

而合，起稿时萧琼就在一旁大喊道："要大胆地放！用笔要放！"有夫人鼓动，兆和更是"胆大妄为"起来，他"痛改前非"似的抛弃了所有的束缚，抛开"红、光、亮"，惜墨到极致，他又要在自己的艺术中"回炉"，要把自己的笔墨拉回到《一篮春色》之中，只见鲁迅犀利的目光与兆和思考的神情，在霹雳般的笔势中横扫一切。

这幅鲁迅像是在兆和70岁时，对中国水墨人物画究竟应该如何发展的一次再认识。他自我开放、自行放松，终于如释重负有了快乐的感觉。

这幅作品完成之后，兆和便与家人一起出游了。他兴致勃勃地露出蛟龙般的秉性，又到了忘我的状态，古稀亦好，悬车也罢，杖国之年还身患重病的他，和孩子们一起跃入颐和园铜牛水下，畅游了昆明湖！

回望前贤

1974 年 9 月 16 日是白石老人的祭日。兆和坐在藤椅上，翻出一张照片默默地看。照片上是兆和在 1940 年画的白石老人像。他伤感地拿起床边上的一张纸，捂住阵阵发红的鼻子，怀念中他感怀齐老先生那晚年激变，愈发地不知足矣，深感自己的时间也不多了。便向刘曦林吐露出心底的话，他几乎要否定自己，暗寓着要按艺术规律再造自我。

其实，兆和在体味人生的艺途中，从创意到技巧总在力图扣紧时代的脉搏。但他不能忍受自己的绘画风格也会成为新的套路作茧自缚。挣脱自身再造自我，这对每一个人来说都是一件难上加难的事。兆和经历过多次阵痛才获得了一次次审美与技法上的变化。当他一路回望之时，又开始思考在现代绘画意识冲击的当下，该如何看待先贤与传统文化的问题。从 20 世纪 50 年代兆和接受的几项任务开始，这一问题就已经摆

《齐白石像》

在他的面前了，对他后来的艺术走向产生了影响。

　　早在 1952 年，莫斯科大学要展示世界各国古代科学家的肖像，但缺少中国的科学家。时任中国科学院院长的郭沫若认为，为苏联提供中国明朝的医药植物学家李时珍和南北朝时计算圆周率的数学家祖冲之最为合适，也是弘扬中华文化的一次机会。但资料记载中没有这两位科学家的形象。当周恩来总理知道此事后即指出："画历史人物，找蒋兆和。"于是，郭老找到兆和下达任务说明了意义，这对兆和来说，是继《毛泽东与孙中山》《石家庄烈士群像》《方志敏像》以及《邹容像》之后的第五次接受委托之作。兆和在自家屋外廊檐下，坐着小木凳在一堆用水浸湿的黄泥巴前，格外用心地揣摩中国科学院提供的史料。他弓背弯腰捏着泥，烟缸里的烟头堆成

《李时珍像》

了一座小山，他努力了近两个月，塑出了李时珍的头像。然后，再根据雕塑进行二次加工，才画出了水墨效果的《李时珍像》。

　　《李时珍像》和《祖冲之像》经中国科学院看了多次反复地改，经郭老最后拍板才印刷的。中科院的领导们看到这两幅画像很形象，就请兆和再画东汉时的天文地理学家《张衡像》和推算

出子午线纬度之长的天文学家《僧一行像》。这几位中国古代先贤就成为标准的历史人物肖像印成邮票，还出现在中小学的教科书和百科全书上，在当时家喻户晓。直到近年互联网上冒出兆和以岳父和朋友的样子画了这些古人的传言，只能说热度未减，当然不可当真。

1953 年，兆和接到郭沫若的电话，再邀他为世界和平大会作《屈原》像。在这幅全身画像中，兆和的想象力让屈大夫的袍袖被风吹起，象征诗人不凡的气度。他用萧家的真金墨画出的宝剑异常夺目，就像屈子竹简中华丽的诗篇。

1954 年 到 1955 年，也是兆和的岳父萧龙友作为全国人民代表大会主席团成员，提出要建立中国医学院的时候，新成立的中国医学科学院中国医史文献研究所又请兆和塑造了一系列古代医学家的形象，诸如扁鹊、孙思邈等十二位历史人物的肖像。画出了"闭目如在目前，放笔如在笔底"的性格特征与内在气质，兆和说：

我画历史人物画，不是逃避现实生活，我们国家的现实是需

《屈原像》

要教育青年一代，要有民族自豪感、民族自尊心和正义感，所以，表现古代优秀的历史人物，正是为了发扬民族精神，以几千年灿烂的文化激励后人。

正如他在抗战时期画了爱国文人"亭林先生"。兆和在谈及塑造古人的过程时又说：

《孙思邈像》

　　我画的古人与古人画的古人稍微有些区别，我都是从生活里猎取真实的形象，不是从概念出发的。我把现实生活中许多人的特征集中融汇成一个具体的形象，所以看起来比较真实。

　　兆和说出了画历史人物的初衷与创作过程，有人以为兆和画的杜甫身形枯瘦，推理是以自己的容貌造之，其实，兆和在1952年画过的《杜甫》，为《杜甫传》创作的插图，1959年为历史博物馆和成都杜甫草堂创作的杜甫像，都是兆和"取诸怀抱""因寄所托"于杜翁诗意的倾心之作，画上的题词倒是画家本人的写照：

我为少陵情殊异，搁笔如何画悲眉！一九五九年 画訒

《杜甫像》

丹青不知老将至，富贵于我如浮云。千载岂知逢新世，
万民欢唱大同时。我与少陵情殊异，提笔如何画愁眉？

兆和的艺术的确与富贵无缘，但他在中华博大的史卷面前，
焕发出民族精神，画出了忧国忧民、慈悲为怀的《杜甫》形象，给
几代国人留下了不可磨灭的印象。敬畏之心又让兆和画出具有雄
才大略、宏图霸业气概的《曹操像》。

《曹操像》

267

时光推到了 1972 年，正值美国总统尼克松访华，中国第一颗氢弹试爆成功之时。在这样的背景下，文化领域也似乎有了一些活跃的迹象。一天，正在中国历史博物馆工作的范曾，忽然来到兆和家里，他喜笑颜开地传达馆领导欲请先生画一幅曹雪芹像的意愿。正在养病的兆和看到久违的学生，听到还有大单位要他这

《曹雪芹像》

个"有争议"的、已经"靠边站"的人重操旧业，兆和的心里好像也冲腾起了一颗"氢弹"，他的精神头一下子就爆发出来了，在一个多月的日子里，兆和夫妇热议最多的话题就是清代小说《红楼梦》。怎么表现曹雪芹在大清文字狱的苦境里所具有的超人智慧呢？这一微妙的问题，兆和与萧琼研究得如何呢？范曾在给兆和的信中描述得很形象："兆和师，大作曹雪芹像进馆后，观者皆认为此作为先生肖像画中精品。在先生笔下，曹雪芹跃然纸外，那双含讥带讽、看透人生的眸子，雍容华贵而晚境凄凉的风度，微闭的嘴唇，口角肌肉的微妙变化，表现了一个文思敏捷、妙语者不在多言的高士形象。"范曾在后来写的《天经百劫云归淡》一文中又说："昔先师画曹雪芹像，疏发萧髯、目光澹泊，真繁华过尽、燕市歌哭之文学天才也。惟见曹雪芹左手微抬、食指略翘而中指轻点，文思回荡诗句斟酌全在此中……兆和先生所画曹雪芹手指，固不知其酝酿某章句，而细节与整体精神之把握，可谓滴水以知沧海性。"

自 1978 年以后，兆和画出的古人作品相比 1972 年画的《鲁迅像》，笔墨更加洗练了。他的超越之心，就像一坛坛老窖后劲勃发。他画了十多幅如《司马迁像》《诸葛亮像》《刘徽像》《李清照像》等等，还画了农民起义领袖和"水浒"人物。而《王羲之戏鹅图》《出污泥而不染》《东坡赏砚》等诸多大作反而越显老道，已从"回炉"又向着变法之路迈出了一大步，竟然颇有文人画的倾向了。

话说兆和的艺术一向以表现现代人物著称，评论中也说他一反传统文人画孤芳自赏之态，怎么又向着"文人画"靠拢了呢？

任何出新的艺术，都是站在传统经典的峰峦之上继续攀援的。

《〈水浒〉人物像》

兆和与徐悲鸿、陈师曾、叶浅予、孙之俊、张乐平、司徒乔、赵望
云、丰子恺等画家经历大变革的时代，他们在大众的苦难与抗争
中发挥了古代文人绘画的优秀技法，借西画写实之精，持"为生
民立命"之念，才使中国的人物画有了人性之美，人道之光，有了
人民的位置。

东坡贵砚图

《东坡玩砚图》

出污泥而不染穆青石可吟诗

《出污泥而不染》

当兆和年事已高，不便再深入民众的时候，脚步随止，但思索未停。他画古写今，以古喻己，借古人的诗词表达出一生所有的感盼。正如理论家刘曦林所说，兆和画古人最鲜明的特点是追求真实的内心世界。兆和并未满足在 20 世纪五六十年代塑造古人肖像所取得的成绩，他也像白石老人那样，在 70 岁时跳出了自己的格局，在注重结构造型的同时，画出了诗意哲思般的境界，不弱不俗，如真如幻，在极精致臻的墨韵里，可想梁楷笔意在兆和的心中有多重。

于是，在水墨人物画充分发挥传统并向现代转型的过程中，兆和集一生的积累，沉淀在晚年时的系列大作之中 —— 太白独卧醉沉思；对弈风云且逍遥；陶翁赏菊见南山；庄周观鱼乐无忧 ……这是兆和一生中再一次归根悟道，精彩地回答了在现代绘画意识冲击的当下，该如何看待先贤与传统文化的问题。

蒋兆和直到生命的最后几年，对新生事物仍抱有浓厚的兴趣，还想在艺术上有所进取。他回顾自己走过的路，曾迷惘在唯美的图案之中；向着批判现实主义倾向的油画过渡；又将中国传统石雕工艺发挥在现代雕塑之上；他在悲鸿与白石的影响下悟出守故纳新之法，才破天荒地闯出现代水墨人物画的一条新途。他心胸坦荡地看待过去的一切，只想把良知和真善美的艺术传递给年轻一代。

蒋兆和虽然为新中国献上了一樽樽美酒，可是，几乎所有知道蒋兆和的人们，都忘不了苦到极处的《流民图》，大江之子——蒋兆和的精神会永远地生长于艺术的花园里。

留取丹心

百年巨匠

Century
Masters

蒋兆和

Jiang
Zhaohe

兆和的"文人画",如诗词歌赋诵出了多彩的人生,如一道道晚霞映照在心灵深处。

然而,夕阳再美也难以阻挡对晨曦的留恋,兆和与所有的老人一样,总要回想那些难忘的事和不能忘记的人。在改革开放最初的日子里,他总想着要与老朋友叙叙旧,儿子就搀着他拄着拐杖到老朋友的家中去散心。

在兆和与老友们频频相见的时候,遗憾的是,被错打成"右派"的黄警顽被迫离职,已回上海没了消息。艺专的老校长王之英为支援边远地区的教育赴内蒙古大学任教,断了见面的机会。尤其是帮兆和出画册,最先把兆和的画比作"流民图"的记者李进之不知去向。到了20世纪90年代李先生的子女与兆和家人取得了联系,才得知李进之因为与一个现行反革命同名被误抓,虽然得到平反释放,但事后极度抑郁不愿见人,便隐身在某出版社做翻译直到故去。还好,郭明桥能从海外回来专程探望蒋先生和老同学了。已经成为北京市文史研究馆馆员的金默玉和她的哥哥金定之也来了,金定之见到兆和就开玩笑说:"还画大创作吗? 我再弄钱去!"引得兆和夫妇开怀大笑。

同情中国人的老艺专日籍教授莫田利一也前来拜访。他恭敬地向兆和深深鞠躬,握着兆和的手用中文连连说道:"对不起,我们日本侵占了中国,我作为日本人很内疚!"兆和将他扶起说道:

"战争已经过去了，咱们都老了，前事不忘，后事之师。"

莫田利一点着头，他看到墙上挂着兆和的新作《东坡与朱竹》正要说些什么，兆和却拿出

来看望蒋兆和的学生左起：宋泊、许文欣、郭明桥与萧琼和宋泊夫人徐佩贞

画册翻到了《流民图》那一页，莫田先生低头看着长叹了一声。

来探望的老友接踵而至，使兆和特别高兴的是，已经改名叫边疆的老友李文又成了蒋家的常客，他每次到来坐在沙发上就要把当年兆和画《男儿当自强》时那炽热的情感再讲给萧琼听。一说起"去延安"，李文就大笑起来："那时我错看了萧先生，怕她去解放区受不了，咱们这么多年风风雨雨都过来了，我敬重蒋先生、萧先生，不容易呀！"兆和看着李文白发红颜的面容又开口说出："我给你画张像吧？"兆和画中的李文还是那般威武不屈的样子，他随笔赋诗一首：

> 人生能有几知遇，挚友相逢别依依。
>
> 抗敌救国男儿志，持笔荷枪各东西。
>
> 往事坎坷何足道，天灾人祸感犹深，
>
> 勘谈聚首无多日，喜庆交谊五十春。

当然，来访的老朋友里不能没有与兆和交往了五十多年的、乐观风趣的二胡艺术家蒋风之。他每次来，总要带着胡琴与兆和

一起拉上几段，就当是说说可心的话。

　　1980 年初秋的一天，北京科学教育电影制片厂的导演、摄影师们把兆和夫妇的家挤得满满当当。这些稀客来干什么呢？他们早在 1979 年就开始配合中央美院抓拍国画系里的"四大家"——叶浅予、蒋兆和、李可染、李苦禅的艺术教学纪录片了。当他们得知蒋风之要来请兆和画像，一大早就到蒋宅候着了。

　　已经被任命为中国音乐学院副院长的蒋风之身穿灰色旧布中式套装，手提老大妈买菜用的蓝布口袋，里面装着兆和曾在 1939 年为他画了像的照片，还有他的看家宝贝一把二胡。他嬉笑着推开门就说："蒋先生，先前你为我画的像遗失了，今天我再拉一曲，你再给我画一幅吧？"兆和看到熟悉的旧作照片，上面的题词还依稀可见："琴音悠悠，我心渺渺。"顿时，兆和不胜心动。北京

《蒋风之像》1939 年

《蒋风之像》1981 年

百年巨匠

蒋兆和

Century
Masters

Jiang
Zhaohe

科学教育电影制片
厂的导演杨恩璞立
刻要摄影师们准备
开拍。正当摄影师
布光的时候，音乐
家蒋老笑着对画家
蒋老说："你的那支
箫呢？与我一起先
来一曲吧。"萧琼在
一旁看着兆和有些
难堪便解围道："哎
呀，那根箫是兆和
的最爱，一直放在
瓶子里，有时还吹
吹。哎！'文革'

《李文像》

时瓶子被胡同里的造反派抄走后，箫也没了下落。丢的毁的东西
太多了！兆和给我画的油画像，悲鸿画的兆和，你也认识的郑
宏宇送给兆和一个抗战时用过的军事望远镜，还有一大卷《流民
图》的画稿，兆和唯一的一大幅山水《石林》都被抄走了不知去
向……"兆和坐在画板前打断了夫人的话，微笑着示意摄影师可
以开笔了。

强光照亮全屋，镜头里映现出兆和移动的那支笔，他的目光
追牟风之老人那微颤的手指在琴弦间滑动，一曲阵阵激昂的《光
明行》，又一曲悠扬的《汉宫秋月》，在画室里回荡。

那些日子，兆和画孩子，画鸽子，画飞禽，画水中的鱼，把美好的祝福送给朋友们。可是，当他静下来了，看到镜子里的自己苍颜凝重，便拿起笔也给自己画了一幅像并云：

> 十年恶梦，心悴神催，相逢何幸，受教犹深，流光似箭，
>
> 珍惜寸阴，紧握秃笔，为民写真。

萧琼看到这幅画时哭了，她对孩子们说："你们的爸爸为民写真一辈子，画了苦难的《流民图》，自己也苦在其中。"

早在1959年迎接共和国十年大庆的时候，画家罗工柳推荐，《流民图》成为中国革命历史博物馆的开馆展品。但预展了没几天，就因康生说了一句"调子低沉"而下架。以后，《流民图》便沉寂在了博物馆里。

到了1968年，《流民图》又被污言淹没了。混乱中造反派们口诛笔伐，骂《流民图》是汉奸指使为日伪服务而画的"大毒草"！甚至有人扬言："烧了《流民图》！"当时正在历史博物馆协助工作的美院教授罗工柳挺身阻拦，但《流民图》的命运如何呢？很多年过去了杳无音讯。兆和夫妇惶惑无策，终日挂念再次"失踪"的《流民图》。

老领导华君武知道兆和郁闷尤深特来看望，用了一个多小时的时间把最贴切的话暖在兆和的心里。

人民美术出版社的老编辑、美术评论家沈鹏顶着《流民图》有正反两个观点还在激烈争论的压力，率先在美术界提出要重温《流民图》。

也许，老天爷再也看不下去了，就在1978年，兆和的学生卢沉和杨力舟在历史博物馆查找资料时，忽然在仓库一角发现了《流民图》！这令人震惊的消息当天就传到了月坛北街，萧琼惊呼："《流民图》它还活着！"

《流民图》回家了，大图里流民的魂却没有回归。兆和想不通：画流民何罪之有？兆和纵有一千个生死轮回，也忘不了是谁发动了侵略战争？数万万流民亡命天涯，沦陷区的民众忍辱负重，他们就该如此遭难吗？

兆和在纠结中迎来了难忘的1979年。中央美院国画系教师刘勃舒、李树声、姚有多、卢沉、姚治华与老教授们实事求是，坚决地维护了《流民图》的纯洁性。刘勃舒直白地说蒋先生的《流民图》是"花了他人的钱，画了自己的画"。现已90高龄的中央美术学院教授杨先让先生作为蒋兆和的学生，也在回忆文章中断言："评价一位艺术家，终究要看他创作的作品。让历史去评述、让作品去言说。"

就在这一年，中央美术学院党小组经过详尽复查，以多数共识，恢复了解放初期对蒋兆和在沦陷区的经历所做的评价，做出《关于蒋兆和同志历史情况的复查结论》，再一次重申"蒋兆和同志历史情况属实、清楚"，推倒一切不实之词，给予平反并上报文化部。部党委批准并对蒋兆和恢复名誉做出了书面决议，明确肯定

书法家、美术理论家沈鹏先生看望蒋兆和

百年巨匠

Century
Masters

蒋兆和
Jiang
Zhaohe

《文天祥》

"《流民图》是现实主义、爱国主义的作品"。

兆和平静地把这份决议的副本放进抽屉里，他对儿子说：

我是怎样的一个人，我的画就是最好的证明。

兆和在画板前又开始动笔了，他画出一幅别有感触的古人形象文天祥。雄浑的笔触写出了文山诗《过零丁洋》的名句："人生自古谁无死，留取丹心照汗青。"理解兆和艺术的人们同感至深，徐悲鸿夫人廖静文在接受朱理轩的采访时曾说："徐先生出国带蒋先生的作品去交流，就是肯定蒋先生，我们这些人还活着，一些人不向知情者调查，自以为是说东道西。"她拿起笔写下了一段话：

《流民图》表现了人民的痛苦，是现实主义最了不起的画卷，蒋兆和先生是爱国的，艺术上的成就很高，悲鸿生前对蒋兆和先生的成就赞扬不已。

历史越久远，《流民图》就愈显出它的厚重。沈鹏在《中国书画》里向读者介绍《流民图》。刘曦林在论文里深入研究《流民图》。1981 年，深圳美术馆的雷馆长来到北京，他亲自要护送险些被毁的《流民图》到改革开放的桥头堡深圳展出。

在深圳举办的"蒋兆和与萧琼的书画联展"，吸引了广州及东南亚艺术界的同行们。著名老画家胡一川和赖少其当场写出留言："历史的见证！苦难的中国虽然已成过去，但历史的画卷，却发人猛醒。辛酉岁朝看蒋兆和同志流亡图有感。"而后，这一联展移师中国美术馆，残留半卷的《流民图》赫然矗立在中央大厅半圆形的展墙上。兆和的朋友与学生们、当年的模特和甘愿冒险装裱《流民图》的师傅们、曾在太庙观看过《流民图》的老观众们，一起穿越那段悲壮的岁月，他们再一次看到了一个画家善

百年巨匠

Century
Masters

蒋兆和

Jiang
Zhaohe

《自画像》1983 年

国画系教授，左起：梁树年、卢沉、蒋兆和、包玉国、叶浅予、刘勃舒、刘凌沧、姚有多，在庆祝蒋兆和从艺 60 周年期间的合影

蒋兆和八十寿辰时，友人和学生一起助兴。左起：杨先让、边宝华、蒋兆和、范曾、萧琼、廖静文、刘勃舒、刘力上

百年巨匠

Century
Masters

蒋兆和

Jiang
Zhaohe

良的心灵。

刘金涛在讲述《流民图》被禁展的过程

兆和难以平静了，他靠在高枕上吃力地在记事本上画了一幅小图。直到兆和一家迁往复兴门外13号楼的新居，当他抬头望见了"杖朝"之门，已经是1983年秋。兆和撑起病体深深地吸足了一口新鲜的空气，就像再次从深水里被救出来获得了新生的人。他迈开步子向画板走去，把几年前勾画在记事本上的小图放大到皮纸上，又一幅自画像出现了。儿子也凑过去信手画了几笔助兴，画面上的兆和极目远眺，感怀"改革开放"带来的巨变，他又看到了春天的美好：

苍穹寥落凌云鹤，四海波光沐彩虹，自写八旬小影，有感于良辰美景之今日也。

转年到了踏青时节，中国美术家协会、中央美术学院联合举行"蒋兆和从事艺术活动60周年庆祝会"，这一年，兆和的新作《亲朋无一字，老病有孤舟》获第六届全国美展荣誉奖。在荣誉面前，他再次向刘曦林表达出不安的心情，他总觉得自己要掉队了，他自谦道：

从艺七十有余年，老病无为感愧深。

方今天下兴隆事，不尽丹青写我心。

严守家风

兆和的孩子们清楚地记得，刚刚进入 80 年代，父亲就不时地讲起《流民图》。母亲提议临摹《流民图》，通过临摹可以引导孩子认识历史，还可以熟悉中国画的技法。这一举两得的建议兆和感到很中肯，特意挑出当年画过《流民图》的几支毛笔，交到孩子们的手里。

从 1984 年开始，兆和的三女儿代平和儿子代明也在琉璃厂购置了一大摞手工制作的高丽纸。他们在工作之余分段合作，兆和坐在孩子身旁指导。可是，临摹得越深入，也就越能察觉到与原作的差距。当年兆和画的时候，很多线条是随心"写"出的，如果刻意描摹就会产生制作的痕迹。萧琼看到孩子遇到了阻力急着让兆和示范，兆和拿起笔迟疑片刻又放下了，他深吸了一口烟说道："时代不同了，我也画不出来了，难为你们，还不完全是技法问题，你们没有在沦陷的北平生活过，没有那些痛苦的体会。"

孩子们能模仿巨卷《流民图》，也可以说多少有些艺术天分与家传。可是，在儿子的记忆里，父母辅导孩子学习绘画可是一件不情愿的事。萧琼说："兆和很希望看到孩子们都能矢志向学，学文化，学科学。"无论外界如何干扰，兆和夫妇一直坚信着"科学救国"的观念。改革开放刚启动时，在全国科学技术大会召开的第一天，兆和就动情挥笔画出四只腾飞的白鸽，象征"四个现代化"发表在了《光明日报》上。兆和夫妇在 20 世纪 50 年代就有了一个计划，要把四个孩子培养成理工科专家。尽管看到大女儿和二女儿在少年时就能画出不错的风景画，也不会多多夸奖。兆和的儿子记得，在他10岁时，看到脸盆里印有齐白石画的小蝌蚪在半盆水里晃动很有趣，就在纸上照着画，忘了做功课结果挨了打。小儿子就读的实验二小把子承父业当成大事，保送他到市少年宫去学素描。当他得了高分获了奖也没见到父亲的笑脸。但兆和辅导儿子英文时，居然能放下画笔耗费了不少时间。兆和的大女儿和二女儿在"学好数理化"的口号中成长起来，先后学了力学和数学专业。后来兴起了"上山下乡"运动，三女儿到内蒙古牧区去插队，儿子去了黑龙江生产建设兵团。兆和在给儿子的信里说：

> 如果愿意画画，就多速写当地的农民吧。你这辈子，画不画画不重要，重要的是要多读书。

兆和虽然看重读书，也只能先面对现实。从1972年开始，兆和只要有点精力，就趁着三女儿和儿子探亲回家之时，一起互相写生。他要求孩子扔掉橡皮，把眼睛当成尺子。不过，不管孩子们学什么，祖上传下来的"德"字是最重要的。一次，兆和催促已经返京工作，时年22岁的儿子去看看新一届的全国美展，要求回来后向他汇报。在吃晚饭时儿子滔滔不绝地评论起画展作品的优劣，没想到兆和的脸色又红了起来，他摔掉手中的筷子赫然而怒，堵住了儿子的嘴并严肃地说：

> 你记住！不要只看别人的不足之处，不要人云亦云，不要妄加评论！你以后认识画画的人，都有你可学习的地方，都是你的老师。记住，学习，刻苦，夹着尾巴做人。

当兆和迎来八十大寿，就在贺寿晚宴的前一天，儿子用自己的工资给父亲买了一盏台灯和一根带有牛角的拐杖为父祝寿。没想到兆和生气了，他杵着已裂损的木杖急匆匆地表示不要为他花那么多钱！萧琼赶紧为儿子说话："这不是为你过生日吗？！"后来，儿子听到父亲沙哑地对母亲说：

要让孩子们知道淡泊为好。

兆和对四个孩子不偏不袒，也感动着所有被他关爱的人。兆和的二女儿在师大女附中读高中时，放学后经常带着一个同学回到家里。听女儿细说后才知道，这孩子是烈士的女儿，身患结核，她虽然有个姐姐但对她照顾不周。兆和夫妇就把她当成自己的女儿，带她去看病，直到她参加了工作成了亲。这件事在孩子们的心里深深地栽下了善根。还有一件事作为家风，甚至影响了孩子们的一生。1979年，兆和参加第五届全国政协第二次会议的时候，意外地与老相识刘海粟重逢了。搀扶兆和去参会的儿子回忆说："一位高大健硕的白发老人走进休息厅，当他看到父亲时立刻握手，他的那双手几乎将父亲干瘪的手包裹起来。两位老叟笑容满面，几乎同时用上海话问寒问暖。父亲张开双臂与他拥抱。'久违了刘先生！''是呀，阿拉老了！'"儿子看到他们长达几分钟还不肯松手的样子，心中不解，四十多年前这位刘先生不是把父亲抄了吗？怎么又胜似亲朋呢？回家后，兆和对孩子说：

都是过去的事了。以后，在外面工作，要多看人家的优点，不要跟人计较。

兆和的话很平常，但蒋老与刘老的拥抱，彻底颠覆了孩子对父辈、对人生的认知。

兆和在不经意中影响着孩子们，他希望孩子做不了科学家至少能自食其力。他的大女儿很不幸，大学毕业后到农村锻炼因医

中央美院举办"蒋兆和从艺60年庆祝会"。部分参会的教职员工，左起：田世光、黄铸夫、郭怡孮、姚治华、韩国榛、萧琼、许继庄、蒋兆和、金鸿钧、刘曦林等

疗事故而死，这天大的打击使兆和夫妇的身体急速地垮了下来。幸好，二女儿考上研究生也成为教授。看到三女儿和小儿先后进修了平面设计成为美术编辑，兆和也算心安，他在病床上对儿子说：

　　不论做什么，在外在家总要有所担当。

　　在儿子成婚的那一天，仅在十平方米的小屋里摆上糕点糖果招待宾客，兆和研墨写了一纸祝词：

　　人生无憾事，偕老有知音，相亲亦相近，创业在于勤。

　　当兆和陪着大女儿的麟子和二女儿的千金，在天伦之乐中为第二代造像，又画出多幅与《小孩与鸽》一样精彩的作品。几年后孙子问世了，兆和分外欢喜，他在儿子写生小孙子的水墨画上题了词，兆和夫妇自命江龙，儿子自称小龙，看祖上都是龙，便脱口说出"祖龙"，正巧吻合了蒋家世代班次歌的字辈排序，兆和高兴地赋歌一首：

　　春雨出过放朝阳，二月二日龙手昂。

　　欣逢吉日龙子降，灿烂光辉满门墙。

百年巨匠
Century
Masters
蒋兆和
Jiang
Zhaohe

坦荡胸心

外孙志崧和外孙女欣还，三女儿的宝贝儿子一辉，围着公婆玩耍。孙子祖龙刚学会迈步就推着坐在轮椅上的爷爷来回地转，全家人其乐融融，兆和的话也多了起来。

一天，兆和听客人们议论一幅装饰在北京机场的壁画不知为何被苫布遮盖了，他火急火燎地说有幅好画，催儿子赶紧去看一看。

兆和见儿子临摹外国名家的油画，他坐起身来拿起拐棍指着画布上的色彩说："颜色要摆上去，不要蹭来蹭去。色彩冷中有暖，暖中有冷，互相会发生作用。"他朝夫人萧琼笑着说："油画也许能水墨化，等我病好了，就试一试。"

兆和躺在床上享受着思想的自由。当电视里播出日本指挥家小泽征尔的音乐，兆和被迷到连声叫好的地步。

当他看到电视里播出电影《黄土地》，教子不要多嘴的他呼来儿子一起看，还时不时地与儿子评论起来："这部电影好，你要再看看，《我这一辈子》也是好电影，这才是艺术！"

当兆和第一次看到了彩色电视，又听说用"386"电脑能打字，听说编出的软件能听歌能看画时，他突发奇想地说："我看将来的电脑就能画画！"

他躺在床上看到儿子对超现实主义的绘画发生了兴趣，就拿起儿子拼凑的一幅空间错乱的图像问道："你搞出这样的画，是心里真实的感受吗？如果是真的就好。"儿子无言以对，默默地把画

蒋兆和与外孙毛志松合画的《竹篮鱼图》

百年巨匠
Century
Masters
蒋兆和
Jiang
Zhaohe

丢到了柜橱里。

儿子在与父亲的交谈中觉得，父亲在创新的路上是个不知疲倦的年轻人，尤其对学生萌动出的任何设想，都不会轻易指责。当兆和肺炎初愈，他吸着氧气接待了学生卢沉带来的美院十多位年轻教师。大家看到先生的家里没有几把椅凳便席地而坐。卢沉首先发问："蒋先生，中国画该怎么变形呢？"兆和笑了，他轻松地说：

这是我在年轻时就做过的事。不管怎么画，不在于变不变，怎么变，在于美不美。

这番话引得学生们鼓起掌来，兆和又将1963年于课堂上示范时写的跋语拿出来请学生们讨论：

盖作画之笔墨，旨在传神而已，故写神亦即写形也。形乃万象之征，精于艺事者，焉有舍其征而谬言神呼？顾恺之"以形写神"之论点，即指以可视形之征而传写万象之精神本质，此乃现实主义传统造型艺术之基本观……

兆和的这次"家庭授课"，实际上是与学生们一起思考形神关系、写实与抽象的问题。兆和对这一问题思考了一生，刘曦林记得蒋先生最终把各类造型的过程都看成是学养与感悟的表达，说到底，就是三个字：真、善、美。按兆和的话说：

> 真，就是思想感情要真，形象要真，一切都要从真实出发。什么是善，人为万物之灵，精神向上，是进取的，不是落后的，总是向往美好的，要培养这种思想品德。美，就是规律性，大自然有大自然的规律，人违背了规律不能取胜，绘画违背了造型规律不行，要使人看了舒服，而不是反感，美的根本就是规律。

兆和思考着，病魔却总要拿着催命符搅乱他的生活。也许，是老天爷要送来慰意，冥冥中劝兆和不要累心了，要他翻开刘曦林撰写的《艺海春秋 —— 蒋兆和传》，让他在字里行间再去看看想见的亲人。

命运真的就安排蒋家人在北京有了大团圆的日子。会做绢花的大妹妹蒋万琛来了，参加新四军的侄女蒋代燕来了，在战火中失联的二妹蒋万琦也来了。

万琦目不转睛地看着兆和，兆和只说了一句话："对不起，我没有保护你。"万琦哭着说："我丈夫蔡继达去抗日，婆婆一家人得知乡里的汉奸要来抓人跑到县城去躲避，家被烧了。我和婆婆在躲避轰炸的几年里，四个孩子在逃难中死掉了

蒋兆和给孩子书写的心里话

三个，只剩下大儿子一鹏。"万琦就是《流民图》里那些不幸的母亲！兆和摘掉氧气吸管，拿起毛笔给儿孙写下了心里的话：

> 身为亡国奴，愤火埋心头。聊借笔墨砚，日日当刀磨。
>
> 1942 年于北平未写在纸上之诗。明儿永存。

与亲人团圆后，兆和平静地与家人常常聊起往事，他说岁月就像大江奔涌的浪涛，能洗去忧伤。岁月又像大江的波纹，能听到小时候吹起的箫声。他只要感到好些，就拿起笔勾画些什么。凡能想到的，就随手抓来一张纸片写下来。兆和试着缓步走到画板前，他看着一幅在 1979 年为萧琼祝寿时画的《寿桃》，在一张宣纸上提前为夫人写了一首很长的贺岁祝词，其中写到：

> 艺逢患难好夫妻。

兆和忽然想起，儿子的岳父恰迎花甲，便满怀欣怡地开笔画了一幅《松鸽图》。当兆和放下毛笔点上一支烟，他望着画里的老松，望着桌子上的笔墨纸砚，又陷入在沉思中。

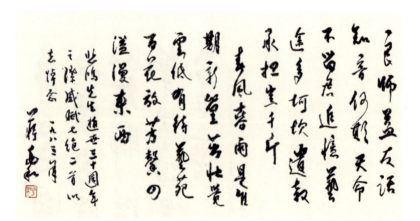

蒋兆和书纪念徐悲鸿诗词一首："良师益友话知音，何期天命不留君。追忆艺途多坎坷，遗教承担岂千金。春风春雨是佳期，新篁茁壮觉云低。有待艺苑百花放，芳馨四溢漫东西。"

蒋兆和最后一幅作品《松鸽图》

元旦过后，春节的炮声震彻京城，兆和与家人守岁，萧琼看到他似乎有些好转，特意敬上一杯泸州老酒，他微微饮含一口特曲，想起了少时与他一起玩耍过的伙伴们吟诗一首：

> 少小离家未得归，蹉跎岁月八旬余。
>
> 梦中常饮家乡酒，期与乡邻共举杯。

又一首小诗写在了一小张宣纸上：

> 良师益友话知音……

他想起了恩师徐悲鸿。

好景不长，没过几天兆和就突遭气胸，刻不容缓地被送进协和医院抢救。

兆和在医院里看着《诗经》打着盹。一天，深夜1时，他忽然从昏睡中醒来，眼睛里发出一种奇亮的光，他看着守护在一旁的

为深圳画展做准备，蒋兆和夫妇一起切磋技艺

儿子讲了一句话："我没有力气画画了，我的那些笔、墨你就拿去用吧。"

孩子们不敢想，父亲居然会与笔墨绝缘，那幅《松鸽图》难道是父亲的谢幕之作吗？

文化部和美院的领导来慰问兆和，老朋友和学生们也来探望，兆和看着他们有说不完的话。

兆和的手捂在萧琼的手上，他微微地张开嘴，却没有听到他的声音……

兆和望着前面，他一直在看，他看到了《流民图》，看到《一篮春色》，看到《小孩与鸽》……那四个大字"百年救家"，引着他回到了两江山野之间……

1986年4月15日丑时，一颗坦荡的心，无怨无悔地怀着无限的爱睡去了。

研究生韩国榛协助工作人员用石膏模拓了兆和的遗容……兆和走了，依他的遗嘱，未举办告别仪式，仅有新华社和中央美术学院的一段讣告。与兆和共识多年的老教友叶浅予、老领导华君武和当年下湖救兆和的高崇基大夫未告知家属去了八宝山。韩国榛带着学生也去了八宝山，他们在漫天黄沙中站在陈放蒋先生遗体的屋外，久久地默哀。

从此，独守家门的萧琼，为了保存《流民图》累得身心憔悴。孩子们看到她只要摊开《流民图》就不愿卷起，她一边看一边对孩子们说："从看到《流民图》那天起，我就真正地认识了蒋兆和。""结婚前，我爱蒋先生的画，结婚后，我爱蒋先生这个人。"萧琼度过了3年悲伤的时光，等来了一个得以安慰的消息，泸州请来四川美术学院的雕塑家们开山凿石，在大江之畔创作浮雕

百年巨匠

Century
Masters

蒋兆和
Jiang
Zhaohe

《流民图》。她前去瞻仰，在玉蟾山上的《流民图》石刻浮雕和蒋兆和石像前，与泸县的老领导姚建文反反复复地讲："勿忘历史，温故知新。"她对孩子们说："希望《流民图》的悲剧不再重演，比流民更悲者，历史被扭曲，是伟大的艺术被沉箱遗忘。"

1991年9月，应画家黄胄的邀请，《流民图》作为炎黄艺术馆开馆中的重要展品，又一次与公众见面了。萧琼特意将前流民图中的代表作《轰炸之后》献给炎黄艺术馆收藏。

1992年兆和的学生姚有多、马振声、张广、赵志田、孟庆江应萧琼的建议，在兆和的三女儿及儿子的协助下，历时一年多，正式临摹复制《流民图》全卷。应日本京都争取和平反对战争执行委员会的邀请，临摹品《流民图》到日本展览，引起日本民众的强烈反响。这幅唯一的《流民图》全卷，现在已成为泸州市博物馆蒋兆和艺术馆的镇馆之宝。

1993年，天津人民美术出版社出版了《蒋兆和作品全集》。革命版画家、美术理论家王琦先生不仅在讲义里将《流民图》写入历史，还为《蒋兆和作品全集》作序。他在序言中说：

　　蒋兆和是一位勇于革新的中国画画家……蒋兆和的艺

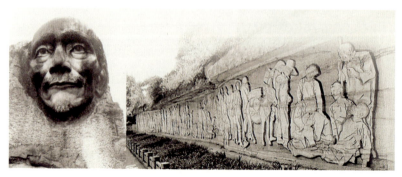

蒋兆和的雕像与屹立于大江之畔的《流民图》浮雕

术影响早已越出了自己的国界……以老成持重的态度和坚实有力的步履走完自己的艺术征程，为我国现代美术宝库留下一笔珍贵的财富。

版画家、美术理论家王琦先生

1994年春，姚有多率兆和的学生们与兆和家人一起努力，经画家王成喜主持的燕京书画社赞助，由中国美术家协会、中央美术学院、中国美术馆联合举办了纪念蒋兆和诞辰九十周年大展。观众们从《与阿Q像》《卖子图》《男儿当自强》《老父操琴》《拜新年》《甘露何时降》等等作品中，听兆和讲述"四世同堂"里的故事。刘勃舒站在《流民图》前意味深长地说：

《流民图》是一部读不完的史书。

这部直接见证侵略战争罪恶，在二次大战中最具代表性的现实主义巨作，是在第二次世界大战中仅有的纪实性史诗般的画卷，表现出的崇高的人道主义精神，对中国画和世界美术的的发展做出了巨大贡献，陆续被苏联、英国、日本、中国编入大百科全书。

萧琼也总是说，无论在战争年代还是在建设时期，兆和是用笔呼唤生命，呼唤尊严，呼唤和平。《流民图》从它诞生的那天起就属于人民。当时的中国美术馆馆长杨力舟很希望最高的艺术殿堂能成为《流民图》的归宿。当时，美术馆党委书记吕章申向萧琼表达诚意，研究兆和艺术的理论家刘曦林踏破铁鞋来与萧琼交心……

百年巨匠
蒋兆和
Century
Masters
Jiang
Zhaohe

中国美术馆举办纪念蒋兆和诞辰九十周年大展

　　萧琼含泪望着柜顶上的《流民图》，她思前想后，"壁立千仞，无欲则刚"，兆和才能画出《朱门酒肉臭》《男儿当自强》《轰炸之后》直到画出《流民图》……"铅华洗尽，珠玑不御"，兆和方能画出《小孩与鸽》《杜甫》《太白沉思》……兆和倾毕生精力画出了百姓的喜怒哀乐，他的艺术应该在中国的艺术殿堂里与百姓共存。孩子们觉得母亲的愿望会告慰先父，一致赞同将《流民图》献给中国美术馆。

　　1998年2月18日，中国美术馆前厅庄严肃穆，兆和生前的同事、学生、朋友们都来了，大家倾听萧琼在认真地说：

　　　　我代表全家，愿将蒋先生的《流民图》送给美术馆，捐献给国家！

　　在热烈的掌声中，文化部部长郑重地将文化部颁发的收藏证书交与萧琼。幸存半卷的《流民图》和仅存一件的善本《流民图》全卷玻璃底版，使中国最高的美术殿堂里又增添了一部丹青重器。

时光荏苒，岁月匆匆，兆和与萧琼分不开，他在 76 岁时与夫人一起画了朱竹与鸽子，这幅《愿与君子共和平》寄托了兆和一生的祈盼，为后生们留下了一道很深很深的课题。

　　年轮铭记，岁月留痕，萧琼与兆和分不开，她也在 76 岁那一年，挥毫书写了兆和的《后流民图作者自序于胜利之日》全文。已是著名书法家的萧琼，写出了夫君的艺术人生：

　　　　笔墨流露真性情。

　　兆和与萧琼，他们不求同日生，但求同日死，就在兆和去世十五年后的 2001 年，萧琼也在 4 月 15 日丑时寻他而去！

　　后来成为中央文史研究馆馆员、中央文史研究馆书画院院长、重庆市美术家协会名誉主席、中国美术家协会蒋兆和艺术研究会会长的马振声，满怀敬意地在兆和与萧琼合葬的墓碑上铸塑了两

蒋兆和夫人萧琼接受文化部部长颁发的《流民图》收藏证书

只祥鸽，两只鸽子矗立在青石之上，遥望着致死不能忘怀的太庙……也许，兆和持笔救亡的心志未平，他"劳其筋骨，饿其体肤，动心忍性"画出的《流民图》，那斑驳苦涩的墨迹依然如血……

就在兆和诞辰百年的那一天，中国文学艺术界联合会在人民大会堂举行了隆重的座谈会。大家不约而同地想起徐悲鸿在兆和的作品《缝穷》上题写的：

《愿与君子共和平》，兆和画鸽萧琼写竹石并题款

蒋兆和先生的骨灰安放在北京八宝山革命公墓。而后，在北京万佛陵园又修建了兆和夫妇的墓碑

百年巨匠
Century
Masters
蒋兆和
Jiang
Zhaohe

蒋兆和在专心作画

初辟蹊径，便雄峻不凡。

也许，兆和翻开了世界美术史光荣的一页。这也仅是刚刚开始，他的故事仍在继续，继续在中华之根，不凡在世界之林。

大江之子蒋兆和，他吞吐大荒，献出了一碗碗浓郁的茶，一坛坛沉香的酒。他不知道何为"名家"，何为"大师"，但他知道百年救家，百年传承，他说：

惟我之所以崇信者，为天地之中心，万物之生灵，浩然之气，自然之理，光明之真，仁人之爱，热烈之情。

我的精神，仍是永远地埋藏于这个艺术的园里。

后　记

　　早在 2014 年，泸州市博物馆张燕馆长最先提出编辑蒋兆和传记连环画脚本的设想。而后，根据蒋兆和先生和夫人萧琼的回忆记录和部分当事人及学生的书面或口头回忆，特别是根据蒋万琛、蒋万琦、蒋燕、蒋祖佩、李文、郭明桥、许文欣、刘金涛、英若诚、程永江、王同仁、范曾、周思聪、马振声、刘曦林、张广、赵志田、孟庆江、齐·巴雅尔、韩国榛等曾提供的史料，参考中国国家图书馆提供的资料及相关文献书籍整理成传。部分文字经过作家、翻译家赵丰先生修改，后经王飞先生和泸州友人们校正，并得到泸州市蒋兆和艺术馆、蒋兆和故居陈列馆以及各地博物馆的支持。笔者特此鸣谢。

肖　和

2022 年 3 月

参考书目

◎ 刘曦林:《艺海春秋 —— 蒋兆和传》,上海书画出版社,1984 年。

◎ 刘曦林编《蒋兆和论艺术》,人民美术出版社,1994 年。

◎ 欣平:《流民图的故事》,中国文联出版社,2004 年。

◎ 朱理轩编《流民图见证人采访实录》,人民美术出版社,2004 年。

◎ 邵大箴、李松主编《20 世纪北京绘画史》,人民美术出版社,
2007 年。

◎ 刘曦林编《蒋兆和研究》,人民美术出版社,2014 年。

◎ 李大钧编《人道之光 —— 蒋兆和文献展》,视象空间,2017 年。

◎ 董代富、邹锡汇编《蒋兆和记》,泸州市龙马潭区政协,2019 年。